T0129622

essentials

essentials liefern aktuelles Wissen in konzentrierter Form. Die Essenz dessen, worauf es als „State-of-the-Art" in der gegenwärtigen Fachdiskussion oder in der Praxis ankommt. *essentials* informieren schnell, unkompliziert und verständlich

- als Einführung in ein aktuelles Thema aus Ihrem Fachgebiet
- als Einstieg in ein für Sie noch unbekanntes Themenfeld
- als Einblick, um zum Thema mitreden zu können

Die Bücher in elektronischer und gedruckter Form bringen das Fachwissen von Springerautor*innen kompakt zur Darstellung. Sie sind besonders für die Nutzung als eBook auf Tablet-PCs, eBook-Readern und Smartphones geeignet. *essentials* sind Wissensbausteine aus den Wirtschafts-, Sozial- und Geisteswissenschaften, aus Technik und Naturwissenschaften sowie aus Medizin, Psychologie und Gesundheitsberufen. Von renommierten Autor*innen aller Springer-Verlagsmarken.

Markus H. Dahm · Marielena Winter

Die Rolle des CDO in der digitalen Transformation

Potenziale und Herausforderungen für Unternehmen

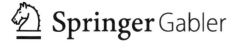

Markus H. Dahm
FOM Hochschule für Oekonomie &
Management
Hamburg, Deutschland

Marielena Winter
Hamburg, Deutschland

ISSN 2197-6708   ISSN 2197-6716 (electronic)
essentials
ISBN 978-3-658-42703-0   ISBN 978-3-658-42704-7 (eBook)
https://doi.org/10.1007/978-3-658-42704-7

Die Deutsche Nationalbibliothek verzeichnet diese Publikation in der Deutschen Nationalbiblio-
grafie; detaillierte bibliografische Daten sind im Internet über http://dnb.d-nb.de abrufbar.

Planung/Lektorat: Angela Meffert
Springer Gabler ist ein Imprint der eingetragenen Gesellschaft Springer Fachmedien Wiesbaden
GmbH und ist ein Teil von Springer Nature.
Die Anschrift der Gesellschaft ist: Abraham-Lincoln-Str. 46, 65189 Wiesbaden, Germany

Das Papier dieses Produkts ist recycle.

Was Sie in diesem *essential* finden können

- Umfassender Einblick in die Rolle des CDOs
- Chancen und Herausforderungen, die mit der Position verbunden sind
- Wertvolle Anregungen und Tipps für die erfolgreiche Umsetzung der digitalen Transformation

Vorwort

Willkommen in diesem *essential* über den Chief Digital Officer (CDO)! In einer zunehmend digitalisierten Welt spielen digitale Strategien und Innovationen eine immer wichtigere Rolle. Unternehmen müssen sich auf die Herausforderungen der digitalen Transformation einstellen, um wettbewerbsfähig zu bleiben. Eine entscheidende Rolle dabei spielt der CDO als höchster Verantwortlicher für die Digitalisierung innerhalb eines Unternehmens.

In diesem *essential* wollen wir uns genauer mit der Rolle des CDOs beschäftigen und Ihnen einen umfassenden Einblick in die damit verbundenen Herausforderungen und Chancen geben. Wir werden uns Fragen widmen, die für Unternehmen von entscheidender Bedeutung sind: Wie kann ein CDO dazu beitragen, dass ein Unternehmen den digitalen Wandel erfolgreich gestaltet? Welche Kompetenzen und Werkzeuge benötigt er dafür? Wie gestaltet sich die Zusammenarbeit mit anderen Führungskräften? Welche Rolle spielt der CDO in der Unternehmenskultur und wie kann er diese verändern?

Als Führungskraft oder Unternehmer möchten Sie sicherlich wissen, wie ein CDO dazu beitragen kann, dass Ihr Unternehmen erfolgreich digitalisiert wird. Dabei geht es um die Einführung neuer Technologien, die Digitalisierung von Prozessen und die Erweiterung des Unternehmens durch innovative digitale Geschäftsmodelle. Wir werden Ihnen in diesem *essential* zeigen, wie ein CDO diese Prozesse erfolgreich gestalten und umsetzen kann.

Ein weiterer wichtiger Aspekt, den wir betrachten werden, ist die Zusammenarbeit mit anderen Führungskräften. Hier geht es um die richtige Abstimmung zwischen CDO und anderen Abteilungen wie Marketing, IT oder Business Development. Wir werden Ihnen aufzeigen, wie ein CDO eine erfolgreiche Zusammenarbeit mit anderen Führungskräften gestalten und somit das Potenzial der digitalen Transformation voll ausschöpfen kann.

Neben der technischen Seite der digitalen Transformation spielt auch die Unternehmenskultur eine entscheidende Rolle. Hier kann der CDO eine wichtige Rolle als Veränderungstreiber übernehmen. Wir werden Ihnen zeigen, wie ein CDO die Unternehmenskultur positiv beeinflussen kann und somit den Erfolg der digitalen Transformation vorantreibt.

Dieses *essential* richtet sich an alle, die sich für die digitale Transformation von Unternehmen interessieren. Wir wollen Ihnen wertvolle Anregungen und Tipps für die erfolgreiche Umsetzung der digitalen Transformation geben. Dabei geht es nicht nur um die Rolle des CDOs, sondern auch um die Bedeutung der digitalen Transformation im Allgemeinen.

Wir hoffen, dass Sie von diesem *essential* profitieren werden und wünschen Ihnen eine spannende Lektüre!

Das Autorenteam
Prof. Dr. Markus H. Dahm
Marielena Winter

Inhaltsverzeichnis

Über die Autoren

Prof. Dr. Markus H. Dahm (MBA) ist Organisationsentwicklungsexperte und Berater für Strategie, Digital Change & Transformation. Ferner lehrt und forscht er als Honorarprofessor an der FOM Hochschule für Oekonomie & Management in den Themenfeldern Digital Management, Business Consulting und agile Organisationsgestaltung. Er publiziert regelmäßig zu aktuellen Management- und Leadership-Fragestellungen in wissenschaftlichen Fachmagazinen, Blogs und Online-Magazinen sowie der Wirtschaftspresse. Er ist Autor und Herausgeber zahlreicher Bücher.

Marielena Winter (M.Sc.) arbeitet seit 2013 bei einer der weltweit führenden Linienreedereien und ist derzeit als Senior Managerin im Global Commercial Development tätig. Nach ihrem dualen Bachelorstudium an der Hamburg School of Business Administration schloss sie im März 2022 ihr berufsbegleitendes Masterstudium an der FOM Hochschule für Oekonomie & Management ab.

Einleitung

1

Die digitale Transformation stellt Unternehmen aller Branchen vor neue Herausforderungen und veränderte Rahmenbedingungen. Neue Technologien und veränderte Kundenbedürfnisse sorgen für die Notwendigkeit einer grundlegenden Transformation sämtlicher Geschäftsmodelle. Aufgrund des Einflusses disruptiver Geschäftsideen müssen Unternehmen ihre Geschäfte kontinuierlich an neue Bedingungen anpassen. Dies erfordert einen Wandel der vorhandenen Strategien, Strukturen, Kulturen und des Organisationsdesigns. Damit eine solche Transformation gelingt, werden neue Denkweisen und Fähigkeiten innerhalb der Organisationen benötigt.

Um den digitalen Wandel zu orchestrieren und den Aufbau digitaler Fähigkeiten im Unternehmen voranzutreiben, schaffen Unternehmen vermehrt die Managementrolle des Chief Digital Officers. Beim CDO handelt es sich um eine Managementposition, welche im Rahmen der digitalen Transformation entstand.

> ▶ Die Entstehung der CDO-Rolle lässt sich mit der steigenden Bedeutung der Digitalisierungsstrategie für das gesamte Unternehmen erklären.

Im ersten Jahrzehnt des 21. Jahrhunderts existierten Unternehmens- und Digitalstrategie i. d. R. noch unabhängig voneinander in der Organisation. Aufgrund der zunehmenden Wichtigkeit der Digitalisierung kam es in den darauffolgenden Jahren zu einer Annäherung der beiden Strategien, die vom CDO aktiv begleitet und vorangetrieben wurde. Zukünftig könnten die Digitalisierungs- und Unternehmensstrategie vollständig ineinander übergehen (vgl. Boeselager 2018). Abb. 1.1 zeigt diese potenzielle Entwicklung im Zeitablauf.

Abb. 1.1 Annäherung von Unternehmens- und Digitalisierungsstrategie (In Anlehnung an Brinker 2015)

▷ Das schnelle Wachstum der CDO-Positionen stellt eines der größten Phänomene im Top-Management dar.

Im Jahr 2005 wurde Jason Hirschhorn bei MTV Networks zum ersten offiziellen CDO ernannt (vgl. Horlacher und Hess 2016). Knapp zehn Jahre später existierten laut Angaben des CDO Clubs bereits 1.000 CDOs weltweit, wobei die Mehrheit in Nordamerika angesiedelt war. Nur knapp ein Viertel der Positionen wurden im Jahr 2014 in Europa identifiziert (vgl. CDO Club 2015). Abb. 1.2 zeigt die Anzahl der CDO-Positionen in den Jahren 2005 bis 2014. Mittlerweile verfügt der globale CDO Club, welcher als größtes Netzwerk für digitale Führungskräfte gilt, über mehr als 5.000 Mitglieder weltweit (vgl. CDO Club 2023). Das Aufgabenspektrum und die Erwartungen an die CDOs sind entsprechend groß. Doch das Verständnis über die Rolle des CDOs unterscheidet sich von Unternehmen zu Unternehmen.

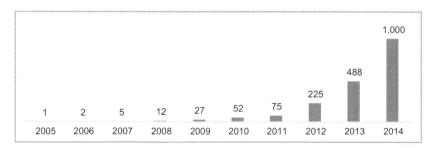

Abb. 1.2 Anzahl der CDOs weltweit zwischen 2005 und 2014 (in Anlehnung an CDO Club 2014)

Im Austausch mit CDOs und Jobbörsen 2

Die Erkenntnisse und Handlungsempfehlungen, die im *essential* präsentiert werden, basieren auf Experteninterviews und Analysen von Stelleninseraten. Im Zeitraum zwischen Oktober und November 2021 wurden insgesamt zwölf Experteninterviews mit männlichen und weiblichen CDOs aus mittelständischen Unternehmen sowie Großunternehmen und Konzernen geführt. In der Strichprobe konnte ein vielfältiges Branchenbild abgebildet werden. Die befragten CDOs arbeiten beispielsweise in der Logistik, im Bankwesen, in der Immobilien- oder Kosmetikbranche. Der Umsatz in den jeweiligen Unternehmen liegt zwischen 10 Mio. Euro und 30 Mrd. Euro. Auffällig ist, dass die Hälfte der befragten CDOs über die benachbarte Funktion des Chief Information Officers (CIOs) verfügt. Die Gesprächspartner waren zum Interviewzeitpunkt durchschnittlich seit zwei Jahren und vier Monaten in ihrer Rolle als CDO tätig.

Im Austausch mit den CDOs konnten verschiedene Themenbereiche beleuchtet werden. Dazu gehörten die Notwendigkeit und Bedeutung eines CDOs, die organisatorische Einordnung, Aufgaben, Kompetenzen und Herausforderungen, die Nutzung von Tools und KPIs, die Zusammenarbeit mit anderen Abteilungen sowie die Erwartungshaltung im Hinblick auf zukünftige Rollenveränderungen.

Um neben der Sichtweise der CDOs auch die Perspektive der Organisationen zu erfassen, wurden in Ergänzung zu den Interviews noch Stelleninserate ausgewertet. Anhand der Stelleninserate lassen sich die Erwartungen der Unternehmer und Personalverantwortlichen an die CDO-Rolle identifizieren. Um eine möglichst hohe Stichprobe zu erzielen, wurde auf ein Stellenmarkt-Archiv eines der führenden beruflichen Online-Netzwerke im deutschsprachigen Raum zugegriffen. Alle untersuchten Inserate des Archivs beinhalten den Jobtitel „Chief Digital Officer". Die 27 Stellenausschreibungen, die verwendet wurden, decken

M. H. Dahm und M. Winter, *Die Rolle des CDO in der digitalen Transformation*, essentials, https://doi.org/10.1007/978-3-658-42704-7_2

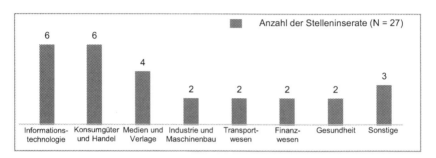

Abb. 2.1 Branchenverteilung der untersuchten Stelleninserate

einen zweijährigen Zeitraum von Januar 2020 bis Dezember 2021 ab. Aufgrund der niedrigen Anzahl ist davon auszugehen, dass die Stelle oft über persönliche Ansprachen oder interne Beförderungen besetzt wird. Abb. 2.1 zeigt die Branchenverteilung der analysierten Stelleninserate.

Beginnen wir mit der Rolle des CDOs. Aus betriebswirtschaftlicher Sicht stellt eine Rolle ein Bündel von Erwartungen dar, welches sich an die Mitarbeiter eines Unternehmens richtet. Eine Rolle umfasst Rechte und Pflichten und drückt eine hierarchische Stellung aus. Im Organisationskontext lassen sich Rollen auch mit Aufgaben, Zielen und Verantwortlichkeiten verbinden. Rollen stehen in einem sozialen Kontext und somit in Bezug zu anderen Rollenträgern. Die Rolle des CDOs steht beispielsweise in Bezug zu anderen Führungskräften des C-Levels oder Angestellten des Unternehmens. In Abb. 3.1 werden beispielhaft ausgewählte Bezugsgruppen des CDOs dargestellt. Einen Einfluss auf die Rollengestaltung hat sowohl der CDO als Rollenempfänger als auch die jeweilige Bezugsgruppe als Rollensender.

Welche Rollen hat ein CDO?
MINTZBERG war einer der ersten Wissenschaftler, der die Arbeit von Managern anhand von Rollen erklärte. Dafür konzipierte er im Jahr 1973 ein Modell, welches aus zehn Managementrollen besteht. Diese zehn Rollen leitete er auf Grundlage einer Studie ab, bei der er fünf Manager eine Woche lang beobachtete (vgl. Mintzberg 1973). Sie lassen sich in drei Gruppen einteilen und sind in Abb. 3.2 dargestellt. Aus Sicht der Autoren hat dieses Modell auch heute noch Gültigkeit.

Den Ausgangspunkt von MINTZBERGs Analyse bildet der Manager, der innerhalb der Organisation aufgrund seiner formalen Autorität über eine besondere Stellung verfügt. MINTZBERG teilt dem Manager zwischenmenschliche, informative und entscheidungsorientiere Rollen zu (vgl. Mintzberg 1973).

Abb. 3.1 Ausgewählte Bezugsgruppen des CDOs

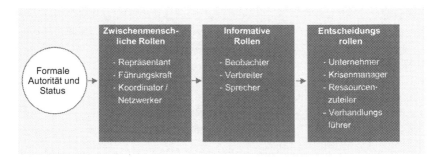

Abb. 3.2 Rollen des Managers nach Mintzberg (in Anlehnung an Mintzberg 1973)

1. **Zwischenmenschliche Rollen:** Die zwischenmenschlichen Rollen ergeben sich aufgrund der Autorität und des Status. Zu dieser Kategorie gehören die drei Rollen „Repräsentant", „Führungskraft" und „Koordinator/Netzwerker". Bei jeder der drei Rollen liegt der Fokus auf dem zwischenmenschlichen Verhalten.

2. **Informative Rollen:** Aufgrund seiner zwischenmenschlichen Kontakte verfügt der Manager über eine besondere Art von Organisationsinformationen. Diese Informationen kann ein Manager in der Rolle als „Beobachter" sammeln, in der Rolle als „Verbreiter" in die Organisation tragen und als „Sprecher" außerhalb der Organisationsumgebung verbreiten.

3. **Entscheidungsrollen:** Der zwischenmenschliche Austausch und der Zugang zu Informationen führen dazu, dass ein Manager wesentliche strategische Entscheidungen treffen kann. In der Rolle des „Unternehmers" treibt der Manager Veränderungen voran, in der Rolle als „Krisenmanager" übernimmt er die Verantwortung bei Bedrohungen, als „Ressourcenzuteiler" entscheidet er über die Ressourcen und als „Verhandlungsführer" führt er Verhandlungen im Auftrag der Organisation.

Wissenschaftler aus verschiedenen akademischen Disziplinen haben die Rollenklassifikation von MINTZBERG repliziert, modifiziert und erweitert. Das Modell wird vielfach genutzt, um die Rollen verschiedener Top-Management-Mitglieder zu untersuchen und bildet eine geeignete Grundlage, um die Arbeit des CDOs zu spezifizieren. In Anlehnung an das Rollenkonzept von MINTZBERG lassen sich beim CDO die folgenden Managementrollen identifizieren:

- Unternehmer
- Führungskraft
- Beobachter
- Verbreiter
- Koordinator/Netzwerker
- Krisenmanager
- Ressourcenzuteiler

Der CDO agiert in der Rolle des Unternehmers, indem er Digitalisierungsanforderungen definiert und Lösungen aufzeigt. Er ist zuständig für die Digitalisierungsstrategie und die Einführung neuer Services, Produkte und Geschäftsmodelle. Zudem treibt der oberste Digitalverantwortliche Veränderungen in der Organisation voran und initiiert Change-Management-Prozesse.

Oft werden dem CDO auch Aufgaben zugesagt, welche sich auf die Rolle einer Führungskraft beziehen. Der CDO ist dafür zuständig, ein Digitalteam aufzubauen und allen Mitarbeitern der Organisation die Digitalisierungsthemen nahezubringen. Er sollte dabei als Vorbild agieren, Befürworter für sich gewinnen und diese für seine Themen begeistern. Zu der Rolle als Führungskraft gehört auch die Schulung der Mitarbeiter. Wie im späteren Verlauf dieses *essentials* deutlich wird, ist der CDO auch häufig in Personalthemen eingebunden (siehe Abschn. 4.5).

Die Beobachterrolle kann ebenfalls beim CDO identifiziert werden. Hierzu zählen das Beobachten, Identifizieren und Bewerten von Chancen und Risiken. So muss der CDO aufmerksam für digitale Themen sein und Marktpotenziale sowie disruptive Gefährdungen erkennen.

In der Rolle als Verbreiter informiert der CDO über aktuelle Trends und überzeugt die Organisationsmitglieder von der Sinnhaftigkeit der Digitalisierungsmaßnahmen. Es geht vor allem darum, die digitale Transformation für die Unternehmen erleb- und begreifbar zu machen und für ein gemeinsames Verständnis zu sorgen. Auch die enge Zusammenarbeit mit Fachbereichen wie Personal, Strategie, Unternehmensentwicklung, Technologie, Vertrieb oder Marketing spielt dabei eine Rolle.

Im Zusammenhang mit der Rolle des Koordinators bzw. Netzwerkers können CDOs daraus lernen, was anderswo schon funktioniert hat und das dann sinnvoll adaptieren. In diesem Kontext ist auch die Vernetzung mit externen Partnern und Kunden wichtig.

In Zeiten von Volatilität und Unsicherheit agiert der CDO zudem als Krisenmanager. Eine unerwartete Krise stellte beispielsweise die Corona-Pandemie dar. In diesem Rahmen regelte der CDO unter anderem den Umgang mit dem Thema Homeoffice.

In der Verantwortung als Ressourcenzuteiler kümmert sich der CDO darum, Projekte anzugehen und die dabei zur Verfügung stehenden Ressourcen auf effiziente Art und Weise einzusetzen. Digitalisierungsmaßnahmen sind oft damit verbunden, immer mehr Aufgaben, Projekte und Anforderungen bei gleichbleibend limitierten Ressourcen zu bewältigen. Damit es dabei nicht zur Überlastung der Mitarbeiterinnen und Mitarbeiter und Unzufriedenheit bis zum Kunden kommt, bedarf es einer Planung und Steuerung der Ressourcen und die Ermittlung von Auslastung und Forecast. Dabei ist es die Rolle des CDOs, für die notwendige Transparenz zu sorgen und den Rahmen für einen klaren Projektaufbau zu schaffen, der zur Erreichung eines bestimmten Ziels nötig ist.

Worauf kommt es bei der Rolle und Verortung des CDOs an?

4

4.1 Ob und wann der Einsatz eines CDOs sinnvoll ist

Im Vergleich zu Nordamerika existiert in Deutschland eine eher geringe CDO-Präsenz. Laut einer Studie der Bitkom Research verfügten im Jahr 2022 nur 19 % der deutschen Unternehmen über einen Digitalisierungsleiter (vgl. Streim und Meinecke 2022). Die verschiedenen Ursachen und Erklärungsansätze hierfür werden in Abb. 4.1 zusammengefasst.

Die Art des Geschäftsmodells hat dabei einen wesentlichen Einfluss. Viele deutsche Unternehmen sind entweder zu klein oder verfügen über ein rein physisches Geschäftsmodell. Zudem hängt der Bedarf eines CDOs auch vom Digitalisierungsstand des jeweiligen Unternehmens ab. Die CDO-Rolle ist also nicht für jedes Unternehmen geeignet.

▷ **Wichtig** Ein Unternehmen, welches keinerlei Digitalisierungspotenziale bietet, benötigt ebenso wenig ein CDO wie eine Organisation, die bereits über ein vollständig digitales Geschäftsmodell verfügt.

Zudem ist davon auszugehen, dass bei Nichtvorhandensein eines CDOs andere Führungskräfte die Rolle des CDOs mit übernehmen. Dabei kommt es vor allem zu einer Vermischung der Funktionen mit dem Chief Information Officer (CIO).

▷ **Wichtig** Wenn eine Organisation über keinen CDO im Top Management verfügt, bedeutet dies nicht, dass das Digitalisierungsthema nicht ausreichend Berücksichtigung findet. Oftmals liegt die Verantwortung der Digitalisierungsthemen dann bei anderen Führungskräften in der Organisation.

© Der/die Autor(en), exklusiv lizenziert an Springer Fachmedien Wiesbaden
GmbH, ein Teil von Springer Nature 2023
M. H. Dahm und M. Winter, *Die Rolle des CDO in der digitalen Transformation*,
essentials, https://doi.org/10.1007/978-3-658-42704-7_4

Abb. 4.1 Ursachen für die geringe CDO-Präsenz in Deutschland

Allerdings kann es auch grundlegende Ursachen für die geringe CDO-Präsenz geben. Allgemein lässt sich in Deutschland ein Digitalisierungsrückstand erkennen. Als Ursache werden häufig die föderalen Strukturen der Bundesrepublik angeführt, wodurch Entscheidungswege erschwert werden. Im Hinblick auf die digitale Transformation kann Deutschland im Vergleich zu anderen Ländern als eher langsam, zurückhaltend und risikoscheu beschrieben werden. Auch Führungskräfte verharren teilweise in alten Verhaltens- und Denkmustern und geben den Digitalisierungsthemen eine unzureichende Priorität.

Wenn sich Unternehmer jedoch für einen CDO entscheiden, wirkt sich dies i. d. R. positiv auf das Unternehmen aus. Untersuchungen zeigen, dass die Aktienmärkte positiv auf die Bekanntgabe der Bestellung eines CDOs reagieren (vgl. Drechsler et al. 2019). Darüber hinaus existieren noch weitere Gründe, die die Notwendigkeit eines CDOs untermauern. Diese sind in Abb. 4.2 dargestellt.

Es ist bedeutend, in einer immer komplexer werdenden Umwelt, den Überblick zu behalten. Im Zuge der digitalen Transformation hat der Aufgabenbereich

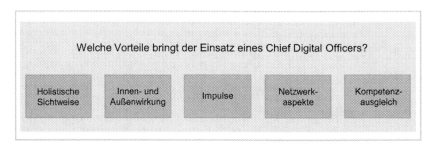

Abb. 4.2 Gründe für den Einsatz eines CDOs

rund um die Digitalisierung ein hohes Komplexitätsniveau erreicht. Diese Viel-schichtigkeit der Themen stellt einen Grund dar, der die Zusatzfunktion „CDO" rechtfertigt. Der Einsatz eines CDOs kann erforderlich sein, um das Digitali-sierungsthema übergreifend zu verantworten und starkes Abteilungsdenken zu reduzieren.

Mittels Bekanntgabe eines CDOs erlangt das Digitalisierungsthema sowohl intern als auch extern mehr Aufmerksamkeit und einen höheren Stellen-wert. Durch die Schaffung der CDO-Position lässt sich die Digitalisierung im Unternehmen außerdem gut einläuten. Dies schafft eine Sichtbarkeit in der Außendarstellung.

Ein CDO trägt zudem dazu bei, Geschäftsmodelle und Prozesse in Frage zu stellen. Er kann kontinuierlich für Impulse sorgen, damit sich die Organisation weiterentwickeln und neu erfinden kann. Im Optimalfall reicht eine Anregung aus, um als Abteilung die Themen danach eigenständig weiterzuführen.

Die Organisation profitiert darüber hinaus von der Vernetzung eines CDOs zu anderen Digitalisierungsexperten. Das Teilen von Best Practices kann dabei helfen, dass die digitale Transformation schneller gelingt.

Sofern die Geschäftsleitung noch über wenig Digitalkompetenz verfügt, kann ein CDO für einen Wissensaufbau sorgen. Es wird aber auch vermutet, dass in einigen Fällen eine solche Stelle geschaffen wird, damit die Unternehmensspitze den Digitalisierungsthemen noch ein wenig ausweichen kann.

4.2   Welche Kompetenzen benötigt werden

In der wissenschaftlichen Literatur existieren unterschiedliche Kompetenzdefini-tionen. Wie in Abb. 4.3 dargestellt, lassen sich Kompetenzen in verschiedene Unterarten differenzieren: Fachkompetenz, Methodenkompetenz, Sozialkompe-tenz und persönliche Kompetenz.

Fachkompetenzen des CDOs
Zur Fachkompetenz zählen das theoretische Wissen sowie das praktische Anwendungs-Know-how, um Aufgaben im beruflichen Kontext zu erfüllen (Bert-hel und Becker 2017). Welche Berufsausbildung und -erfahrungen bringen CDOs also mit? In Bezug auf die akademische Laufbahn lässt sich bei den CDOs, die wir interviewt haben, mehrheitlich eine Nähe zu Wirtschaftswissenschaften feststellen. In diesem Kontext weisen die befragten CDOs Studienabschlüsse im Bereich der Betriebswirtschaft oder der Wirtschaftsinformatik auf. Ferner lässt sich auch ein naturwissenschaftlicher Hintergrund erkennen. Weitere Studienabschlüsse liegen

Abb. 4.3 Einteilung der Kompetenzfelder (in Anlehnung an Berthel und Becker 2017)

in den Bereichen Informatik, Rechts- und Ingenieurwissenschaften vor. Es zeigt sich also eine Vielfalt bei der akademischen Ausbildung.

Im Hinblick auf die berufliche Laufbahn besteht Einigkeit darüber, dass eine breite Erfahrung und eine vielfältige Perspektive wichtig sind. Bei allen CDOs lässt sich eine mehrjährige Berufspraxis im digitalen Umfeld erkennen, die sich auf die Bereiche Marketing, Vertrieb, Produktentwicklung oder IT beziehen. Erfahrungen im Projektmanagement und in unterschiedlichen Führungspositionen gehören ebenfalls dazu. Viele CDOs verfügen bereits vor Antritt ihrer CDO-Stelle über C-Level-Erfahrung. Diese Expertise wird unter anderem als CDO bei anderen Arbeitgebern oder in anderen C-Level Funktionen als CEO, CFO oder CIO gesammelt. Als verbindendes Element in Bezug auf die verschiedenen Führungsfunktionen steht die Transformation, der Wandel und die Veränderung. Oftmals hatten CDOs zuvor Tätigkeiten, bei denen es darum ging, etwas Neues auszuprobieren oder zu schaffen. Bei den technischen Anforderungen geht es u. a. um den praktischen Umgang mit Programmiersprachen und Datenbanksystemen.

Methodenkompetenzen des CDOs
Zur Methodenkompetenz gehören u. a. Analyse-, Entscheidungs- und Lernfähigkeiten sowie Denk- oder alternative Arbeitsweisen (vgl. Berthel und Becker 2017). So stellt beispielsweise die visionäre Vorstellungskraft eine Qualifikation des CDOs dar. Der CDO muss methodisch so vorgehen, dass er alle Digitalisierungsthemen in einer klaren Digitalstrategie kombiniert und eine entsprechende Umsetzung veranlasst. Die gewünschte Denkweise eines CDOs wird als interdisziplinär, strategisch sowie markt- und lösungsorientiert beschrieben. CDOs sollten analytisch und kreativ sein. Auch der Umgang mit agilen Arbeitsweisen und Methoden wie beispielsweise Scrum oder Kanban wird als wichtig erachtet. Eine detaillierte Auswertung zum Umgang mit den Methoden erfolgt in Abschn. 4.6.

Sozialkompetenzen des CDOs
Die Sozialkompetenz umfasst neben einer Kooperationsbereitschaft auch die Fähigkeiten zu Kommunikation und Konfliktlösung. Ebenso kann die Führungskompetenz der Sozialkompetenz zugeordnet werden. Dazu gehört u. a. die Fähigkeit, Mitarbeiter und andere Interaktionspartner zu überzeugen (vgl. Berthel und Becker 2017). Die interpersonalen Fähigkeiten des CDOs sind von besonderer Bedeutung. Die meisten CDOs beurteilen die Sozialkompetenz am wichtigsten. Empathie, Begeisterungsfähigkeiten und Kundenorientierung sind entscheidend. Ein CDO muss in der Lage sein, sich in alle an der Veränderung Beteiligten hineinzuversetzen. Motivation, Inspiration und Überzeugung stellen wesentliche soziale Eigenschaften dar. Der Führungsstil eines CDOs sollte kooperativ, zielorientiert, motivierend und inspirierend sein. Dem CDO werden außerdem besondere Netzwerkkompetenzen zugeschrieben.

Persönliche Kompetenzen des CDOs
Die Selbstkompetenz beschreibt die Fähigkeit, sich motiviert und zielorientiert zu verhalten (vgl. Berthel und Becker 2017). Persönliche Kompetenzen wie eine positive Einstellung oder eine Offenheit für neue Technologien sind beim Digitalisierungstreiber essenziell. Als CDO lernt man auch an kleinen Dingen, wie der Organisation Sachen gelingen, man benötigt daher eine positive Grundeinstellung. Auch die Neugierde gegenüber neuen Themen und Innovationen sind bedeutend. Einige Experten berichten davon, Widerstände überwinden und Kritik aushalten zu müssen. Daher werden der Frustrationsbereitschaft und Konfliktfähigkeit hohe Werte beigemessen. Vom CDO wird darüber hinaus eine hohe Flexibilität gefordert bspw. in Form von hoher Reise- und Veränderungsbereitschaft.

4.3   Welche Einordnung in die Organisationsstruktur sinnvoll ist

Es existieren verschiedene Möglichkeiten, um die Digitalisierung im Unternehmen zu steuern. Abb. 4.4 zeigt vier Varianten: Bei der ersten Option verantwortet der CDO das Digitalisierungsthema aus der Geschäftsleitung heraus. Eine andere Möglichkeit besteht darin, die Zuständigkeit für die digitale Transformation einem neuen oder bestehenden Bereich zu übertragen, wo gezielt Expertise aufgebaut werden kann. Bei der dritten Option wird die digitale Transformation mithilfe einer Stabsstelle abseits der Linienorganisation vorangetrieben. Auf eine zentrale Koordination wird bei der vierten Variante verzichtet. Hier verteilt

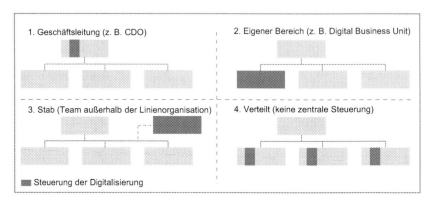

Abb. 4.4 Möglichkeiten zur Steuerung der Digitalisierung (in Anlehnung an Berghaus und Back 2016)

sich das Wissen und die Verantwortlichkeit für die digitale Transformation im Unternehmen (vgl. Berghaus und Back 2016).

Welche Verortung ist wann nützlich? Eine zentrale Positionierung ist sinnvoll, wenn das Unternehmen die digitale Vision von oben vorgeben und eine einheitliche Lösung für alle Abteilungen entwickeln möchte. Je nachdem, wie viel Gewichtung ein Unternehmen dem Thema Digitalisierung geben möchte und wie viel Dringlichkeit zur Transformation existiert, sollte es zur obersten Führungssache erklärt werden. Die Verortung auf höchster Führungsebene geht vor allem mit mehr Handlungs- und Entscheidungsmacht einher. Die Stelle des CDOs muss hoch genug aufgehängt sein, um ausreichend Durchschlagskraft und Handlungsspielraum zu haben. Bei einer hierarchischen Einordnung unterhalb des C-Levels besteht nicht nur die Gefahr einer erschwerten und verlangsamten Umsetzung der Digitalisierungsmaßnahmen, sondern es kommt auch zu Informationsdefiziten gegenüber anderen Führungskräften des C-Levels. Die CDO-Positionierung auf Vorstandsebene trägt dazu bei, auf Augenhöhe zu agieren. Durch die Verankerung im Vorstand bekommt das Digitalisierungsthema die nötige Präsenz und Aufmerksamkeit.

Eine dezentrale CDO-Position kann von Vorteil sein, wenn Geschäftseinheiten ohnehin unterschiedliche Digitalstrategien verfolgen. Sofern der CDO allerdings unter der Vorstands- bzw. Geschäftsführerebene verortet wird, ist er auf die Unterstützung anderer Vorstandsmitglieder angewiesen, um die Themen erfolgreich umsetzen zu können. So könnte beispielsweise der CIO die Digitalisierungsthemen vorantreiben.

Die Verortung des CDOs innerhalb einer Stabsstelle wird nicht explizit empfohlen. Eine solche Variante ist zwar möglich, aber dem CDO kommt dadurch eine eher beratende und koordinative Funktion zu, bei der jedoch die „Schlagkraft" fehlt, Veränderungen herbeizuführen.

4.4   Welche Faktoren Einfluss auf den Erfolg nehmen

Wie im vorherigen Abschnitt beschrieben, ist es für den CDO wichtig, im richtigen Umfeld zu arbeiten. Darüber hinaus gibt es weitere Erfolgsfaktoren, die für das Gelingen der digitalen Transformation entscheidend sind.

Wie in Abb. 4.5 dargestellt, sind in erster Linie finanzielle und personelle Ressourcen wichtig, damit ein CDO erfolgreich agieren kann. Digitalisierungsprojekte haben einen mittel- bis langfristigen Investitionsbedarf, sodass das Budget ein entscheidender Faktor ist. Ein CDO sollte daher über ausreichend finanzielle Mittel verfügen, um Sachen austesten zu können.

Im Hinblick auf die personellen Ressourcen wird das Team als ein wichtiger Faktor angesehen. Vor Festlegung der Teamgröße muss sich die Unternehmensgröße und Komplexität des Geschäftsmodells angeschaut werden. Beim Teambuilding und den dazugehörenden Tätigkeiten kommt es darauf an, wie das Unternehmen strukturiert ist und über welche Bereiche es bereits verfügt. Häufig muss ein CDO neue Bereiche mit entsprechendem Personal aufbauen, da sich einige Themen nicht vollständig mit dem vorhandenen Fachpersonal abdecken

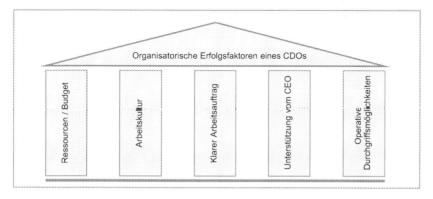

Abb. 4.5 Faktoren für den Erfolg eines CDOs

lassen. Hierbei sollte auf ein ausgewogenes Verhältnis zwischen internen und externen Mitarbeitern des Digitalisierungsteams geachtet werden.

> **Wichtig** Wenn ein Digitalisierungsteam neu gebildet wird, ist auf ein ausgewogenes Verhältnis zwischen internen und externen Mitarbeitern zu achten. Als Faustregel gilt: Nur 20 % der Mitarbeiter sollten von außen kommen. 80 % sollten interne Mitarbeiter sein, damit eine Transformation nachhaltig gelingt.

Eine ebenfalls wichtige Grundlage stellt die Arbeitskultur dar. Die digitale Transformation geht nicht nur mit einem technischen, sondern vor allem kulturellen Wandel einher. Eine Organisation sollte grundsätzlich wandlungsoffen sein. Als Kernvoraussetzung für eine kulturelle Veränderung benötigt die Organisation das Verständnis und das Bewusstsein, in einem disruptiven Wettbewerb zu stehen. Die Überzeugung und der Veränderungswille sollten aus dem Führungsteam kommen. Wichtig in der Rolle als CDO ist es, sich Fürsprecher im Unternehmen zu suchen.

Notwendig ist zudem, dass der CDO über einen klaren Arbeitsauftrag verfügt. Schon vor Einsatz eines CDOs sollten die digital-strategischen Ziele des Unternehmens und die Erwartungen an den CDO genau definiert werden. Der Auftrag des CDOs muss so eindeutig wie möglich formuliert sein. Dazu zählt auch die Festlegung, woran er gemessen wird, was seine KPIs sind und welche Berechtigungen er hat. Es müssen Fragen geklärt werden wie: Über wie viele Entscheidungsfreiheiten soll der CDO verfügen? Wie flexibel dürfen neue Produkte eingeführt werden? Auf wie viele Mitarbeiter und Bereiche darf der CDO zugreifen? Wie viel Budget steht zur Verfügung? In Verbindung mit einem klaren Arbeitsauftrag gilt die Rückendeckung der Geschäftsleitung als erfolgskritisch. Der Vorstand muss hinter den Digitalisierungsmaßnahmen stehen und bei auftretenden Widerständen Unterstützung leisten.

Als letzter Erfolgsfaktor zählt die operative Durchgriffsmöglichkeit des CDOs. Die Voraussetzung für einen erfolgreichen CDO ist das operative Geschäft, sprich der Einfluss auf Unternehmensaktivitäten, die im unmittelbaren Zusammenhang mit dem Betriebszweck stehen. Eine Fokussierung auf den IT-Bereich oder einzelne Projekte ist zu isoliert, wodurch lediglich Quick-Wins entstehen können. Als CDO geht es also nicht darum, einzelne ineffiziente analoge Prozesse zu digitalisieren, sondern sich ganzheitlich mit den Unternehmensprozessen zu beschäftigen und das Ziel zu verfolgen, ein möglichst vollständig digitalisiertes Unternehmen zu schaffen, wodurch sich in der Regel völlig neue Geschäftschancen eröffnen.

4.5 Wie sich die Zusammenarbeit mit anderen Bereichen gestaltet

Häufig wird mit dem CDO eine neue Position im Unternehmen geschaffen, die zusätzlich zu einer Reihe bereits etablierter Top-Management-Positionen entsteht. Dies kann zu Konflikten und Überschneidungen zwischen dem CDO und bestehenden C-Level-Mitgliedern führen. Daher ist es notwendig, den Verantwortungsbereich zu den anderen Top-Management-Mitgliedern abzugrenzen und gleichzeitig den gegenseitigen Nutzen hervorzuheben.

Erfolgreiches Zusammenspiel zwischen CEO und CDO
Der wichtigste Fürsprecher des CDOs ist der Chief Executive Officer (CEO). Er ist als höchste Instanz für den Gesamtunternehmenserfolg und das Etablieren der Unternehmensstrategie zuständig. Der CEO ist daher in der Verantwortung, erforderliche Maßnahmen für die digitale Transformation zu definieren und einen kontinuierlichen Wandel und Innovation im Unternehmen herzustellen. Der CDO tritt hingegen als Katalysator der digitalen Transformations- und Innovationsagenda des CEOs auf (vgl. Brinker 2015). Sofern der CEO über die notwendigen Kapazitäten und Kompetenzen verfügt, kann er sich auch selbst dem Thema Unternehmensdigitalisierung stellen oder das Thema zwischenzeitlich mitverantworten. Hierbei entsteht jedoch die Gefahr, den ohnehin schon großen Aufgabenbereich des CEOs weiter auszuweiten (vgl. Boeselager 2018). Stattdessen wird eine Zusammenarbeit empfohlen. Welche Faktoren für ein optimales Zusammenspiel entscheidend sind, wird in Abb. 4.6 gezeigt.

Der CEO sollte generell offen sein und Interesse an Digitalisierungsthemen haben. Für eine effiziente Zusammenarbeit ist die digitale Expertise der Geschäftsleitung von großer Bedeutung. Man könnte sogar so weit gehen und sagen, dass die Unternehmensspitze über genauso viel Wissen im Digitalbereich verfügen sollte wie der CDO, um ihn im vollen Umfang unterstützen zu können.

Abb. 4.6 Grundlage eines guten Zusammenspiels zwischen CDO und CEO

Der Auftrag an den CDO sollte vom Vorstandsvorsitzenden kommen, da der Digitalisierungsverantwortliche für tiefe Veränderungen in der Organisation sorgt. Auch ein regelmäßiger und enger Austausch mit dem CEO gehört zur Grundlage einer guten Zusammenarbeit. Der Austausch mit dem Vorstand findet im Idealfall täglich, wöchentlich oder alle zwei Wochen statt.

Das Vertrauen bildet einen wesentlichen Faktor. Der CEO muss sich vollständig auf den CDO im Hinblick auf die Beratung und Umsetzung der Digitalisierungsvorhaben verlassen können. Das entgegengebrachte Vertrauen sorgt bei den CDOs für ein positives Gefühl und bildet eine wichtige Basis.

Um Veränderungen erfolgreich voranzutreiben, ist es besonders bedeutend, ehrlich die eigene Meinung in der Zusammenarbeit mit dem CEO äußern zu können. Es sollte zwar generell ein Konsens mit dem CEO angestrebt werden, aber Konflikte nicht gescheut werden. Eine offene Konfliktfähigkeit beider Seiten wird als wertvoll erachtet. In diesem Zusammenhang steht die Notwendigkeit einer Fehlerkultur. Themen, die in der Umsetzung nicht funktioniert haben, sollten offen besprochen werden, um zukünftig daraus zu lernen. Die gemeinsamen Ziele von CEO und CDO stellen das Fundament der oben beschriebenen Erfolgsfaktoren dar. So sollte sich ein CDO kontinuierlich an der Geschäftsstrategie orientieren. Dies gelingt besonders gut, wenn die Digitalisierung zu den strategischen Unternehmenssäulen zählt.

Zusammenarbeit des CDOs mit dem CIO
Der Chief Information Officer (CIO) stellt den ranghöchsten IT-Verantwortlichen im Unternehmen dar. Bei der Einführung und Nutzung von neuen Technologien hatte der CIO in der Vergangenheit die Schlüsselrolle im Unternehmen. Die jüngsten digitalen Technologien haben allerdings andere Denkweisen und Fähigkeiten verlangt. Dadurch hat sich die Erwartungshaltung an den CIO verändert. CEOs erwarten neben der Verwaltung von IT-Services zunehmend vom CIO, den digitalen Erfolg des Unternehmens zu steigern. Gelingt dies nicht, werden neue Positionen wie die Rolle des CDOs geschaffen. Welche Unterschiede und Gemeinsamkeiten die beiden Positionen haben, wird in Abb. 4.7 zusammengefasst.

Zunächst werden einige Schnittstellen deutlich: Beide Positionen beschäftigen sich beispielsweise mit digitalen Themen und Prozessoptimierungen. Sowohl zum Aufgabenbereich des CDOs als auch des CIOs gehört die Entwicklung einer Strategie. Der CDO ist im Vergleich zum CIO allerdings stärker in strategische Themen involviert und nimmt eine gesamtunternehmerische Transformationsrolle ein. Als verbindende Disziplin beider Positionen kann die Wirtschaftsinformatik angesehen werden. Der Fokus des CDOs liegt dabei auf der Wirtschaft, der Schwerpunkt des CIOs auf der Informatik. Der CIO ist hauptsächlich für die technologische

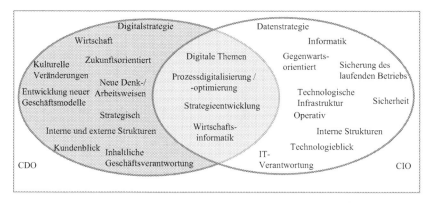

Abb. 4.7 Unterschiede und Gemeinsamkeiten zwischen CDO und CIO

Infrastruktur zuständig. Dazu zählt die Verantwortung der IT-Sicherheit. Zur Kernaufgabe des CIOs gehört also die Aufrechterhaltung des laufenden Betriebes. Aus diesem Grund ist der CIO eher gegenwartsorientiert. Die Rolle des CDOs ist hingegen zukunftsorientierter. So zählen insbesondere Veränderungen der Kultur und Arbeitsweise zum Auftrag eines CDOs. Ebenso fällt es in den Zuständigkeitsbereich des CDOs, neue Geschäftsmodelle zu entwickeln.

Während der CDO strategischer agiert, ist die Arbeit des CIOs eher operativ. Der CIO ist für interne Strukturen zuständig wie die Verwaltung der Systeme, der IT-Landschaft oder der internen Prozesse. Der CDO kümmert sich auch um die externe Digitalisierung mit Zulieferern und Kunden. Der CIO hat einen reinen Technologieblick auf die Themen. Im Gegensatz zum CIO kann beim CDO noch eine inhaltliche Geschäftsverantwortung hinzukommen. Einige CDOs sind nicht nur Chief Digital Officer, sondern leiten gleichzeitig noch Bereiche wie Digital Marketing, Digital Sales oder Digitale Produktentwicklung. Dadurch ergibt sich eine höhere Einflussmöglichkeit.

Die Zusammenarbeit zwischen CIO und CDO lässt sich zusammenfassend als eine Symbiose mit gegenseitigem Nutzen beschreiben: Der CIO muss die technologischen Voraussetzungen für den CDO schaffen, um die Digitalisierung voranzutreiben.

Zusammenarbeit des CDOs mit Abteilungen unterhalb des C-Levels
Nachdem das Zusammenspiel mit CEO und CIO beleuchtet wurde, soll im nächsten Schritt der Fokus auf der Kooperation mit Organisationseinheiten unterhalb des

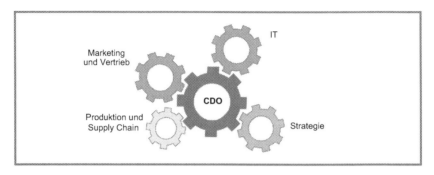

Abb. 4.8 Hauptschnittstellen des CDOs zu anderen Abteilungen

C-Levels liegen. Mit welchen Abteilungen arbeitet der CDO am häufigsten zusammen? Insgesamt lässt sich festhalten, dass sich die Zusammenarbeit mit anderen Abteilungen stark projektbasiert gestaltet. Zudem hängt die Kollaboration von der jeweiligen Ausrichtung des Unternehmens und dem Geschäftsmodell ab. Es lassen sich vier Hauptschnittstellen zu anderen Unternehmensbereichen identifizieren, die jedoch nur eine Momentaufnahme darstellen. Die Ergebnisse werden in Abb. 4.8 zusammengefasst.

Die Schnittstelle zum Kunden stellt ein wichtiges Thema für CDOs da. Eine der Hauptschnittstellen bilden Marketing und Vertrieb. Da die Digitalisierung des Marketing- und Vertriebsbereichs zum Markterfolg beitragen kann, wird in diesen Bereichen mit der Digitalisierung häufig begonnen. Ebenso existieren wichtige Schnittstellen zwischen dem CDO und der IT-Abteilung. Hier wird die Zusammenarbeit oft als besonders eng beschrieben. Um Zukunftsthemen voranzutreiben, ist die intensive Zusammenarbeit mit dem Strategiebereich von großer Bedeutung. Dazu gehört auch die Zusammenarbeit mit der Organisationsentwicklungsabteilung. Weitere Schnittpunkte finden zwischen dem CDO und den Abteilungen Produktion und Supply Chain statt. Im Vergleich zur Kollaboration mit Marketing und Vertrieb geht es bei hierbei eher um die Effizienzsteigerung der internen Prozesse.

Einbindung des CDOs in Personalthemen
Die Personalabteilung stellt einen bedeutenden Partner des CDOs dar. Wir können hier von einem hohen gegenseitigen Nutzen in der Zusammenarbeit mit den Personalverantwortlichen ausgehen. Während die CDOs dazu beitragen, Anforderungen an neue Mitarbeiter zu definieren, kann der Personalbereich dabei helfen, die Organisationsentwicklung voranzutreiben. Zu den Personalthemen des CDOs

gehört neben der Auswahl neuer Mitarbeiter das Schaffen digitaler Weiterbildungs-
angebote für das vorhandene Personal. Zu der Personalselektion zählt die Auswahl
neuer Kernrollen im Unternehmen. Im Hinblick auf die Personalauswahl achten die
CDOs auf unterschiedliche Kriterien. Dazu zählt beispielsweise ein hohes Maß an
Empathie, gute Kommunikationsfähigkeiten oder die Motivation und Energie, Ideen
voranzutreiben. Auch die Generationszugehörigkeit spielt bei der Personalauswahl
teilweise eine Rolle. Jüngere, innovative Mitarbeiter in das Unternehmen zu holen,
kann die Motivation für digitale Themen in der Organisation steigern und somit eine
Begeisterungswelle auslösen. Zudem lässt sich beobachten, dass der Umgang mit
agilen Methoden häufiger bei den jüngeren Mitarbeitern stattfindet.

4.6 Welche Methoden und Werkzeuge verwendet werden

Die Verwendung von Methoden und Werkzeugen spielt in der täglichen Arbeit
des CDOs eine bedeutende Rolle. Der CDO hat die Aufgabe, zu beurteilen,
für welche Methoden das Unternehmen wann bereit ist, um diese im Anschluss
nachhaltig zu implementieren. Insgesamt ist zu beachten, dass es nicht die eine
Methode oder den einen Methodenkoffer für den CDO gibt. Stattdessen sollten
Tools eher als Hilfsmittel angesehen werden, die die Arbeit effizienter machen.
Sie können jedoch nicht das richtige Nachdenken, das richtige Mindset oder die
richtige Strategie ersetzen.

Die Ergebnisse in Tab. 4.1 verdeutlichen, dass die eingesetzten Methoden
überwiegend auf den Aufbau von Kompetenzen innerhalb der Organisation
abzielen. Am häufigsten stärken CDOs die Digitalisierungskompetenzen im
Unternehmen über Trainings- und Weiterbildungsmöglichkeiten. Ein wichtiger
Bestandteil in diesem Zusammenhang stellt die Schulung der Mitarbeiter dar.
Hierzu zählen beispielsweise Trainings zu bestimmten Tools oder agilen Methoden. Für viele CDOs stellen auch Workshops eine geeignete Methode dar, um
die Mitarbeiter kontinuierlich einzubinden. Auch Weiterbildungsmöglichkeiten
neben oder parallel zu der Arbeit spielen eine Rolle. Dazu gehört die Förde-
rung eines Studiums oder die Genehmigung von frei verfügbaren Stunden, in
denen die Mitarbeiter lernen können, was sie möchten. So etwas ist beispielsweise bei Hapag-Lloyd erlaubt. Dort setzt sich der CDO, Dr. Ralf Belusa, dafür
ein, dass die Mitarbeiter Zeit haben, sich weiterbilden zu können – auch außerhalb von Arbeitsthemen. Ob Botanik oder Häkeln ist dabei irrelevant. Darüber

Tab. 4.1 Verwendete Methoden und Werkzeuge des CDOs

Häufigkeitsrang	Verwendete Methoden und Werkzeuge
1	Trainings- und Weiterbildungsmöglichkeiten
2	Agile Methoden
3	Neue Arbeitsweisen
4	Kollaborationstools
5	Multiplikatoren
6	Klassische Methoden
7	Einführung neuer Bereiche

hinaus berichten die CDOs von regelmäßigen Austauschformaten wie „Digital Days", „Digital Weeks" oder monatlichen Events.

Die verwendeten agilen Methoden, welche bei den CDOs zum Einsatz kommen, sind in Abb. 4.9 dargestellt. Um agile Methoden erfolgreich zu implementieren, bedarf es in der Regel einer agilen Arbeitsweise. Insbesondere durch den Einfluss der Corona-Pandemie haben sich flexible Arbeitsmodelle wie Homeoffice etabliert. Mit den neuen Arbeitsweisen geht auch die Nutzung von Kollaborationstools, wie beispielsweise Microsoft Teams, einher, die die Kommunikation fördern und eine andere Art der Zusammenarbeit ermöglichen.

Einige CDOs verfolgen den Ansatz, mithilfe von Multiplikatoren die digitale Transformation in den Unternehmen voranzutreiben. Bei Hapag-Lloyd gibt es beispielsweise ein internes Influencer-Programm: Die „Digital 100". Dabei handelt es sich um einhundert Digital Manager und Koordinatoren aus den Bereichen Sales und Customer Service, die für das Digitalisierungsteam die interne Schnittstelle zur lokalen Vertriebsorganisation bilden. Der Aufbau eines Netzwerkes von

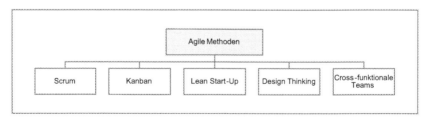

Abb. 4.9 Verwendete agile Methoden des CDOs

Multiplikatoren in den Fachabteilungen hat den Vorteil, Partner in allen Bereichen zu haben. Mithilfe eines solchen Ansatzes kann eine neue Dynamik in das Unternehmen gebracht werden, die von Kollege zu Kollege weitergegeben wird. Es werden aber nicht nur agile, sondern auch klassische Methoden von CDOs verwendet. Für einige Projekte bietet es sich beispielsweise an, weiterhin die klassische Wasserfall-Methode zu nutzen.

Um Veränderungen und neue Arbeitsweisen voranzutreiben, können auch neue Bereiche im Unternehmen geschaffen werden. So kann die Einführung einer Organisationsentwicklungsabteilung beispielweise dazu beitragen, die Wandlungsgeschwindigkeit zu erhöhen.

Insgesamt zeigt sich jedoch, dass die Wahl der Methode für die CDOs nicht entscheidend ist. Ob die Wahl auf Scrum, Kanban oder eine andere agile Methode fällt, spielt eine untergeordnete Rolle. Die Methoden müssen zur Organisation passen und bei der Anwendung existiert Interpretationsspielraum.

Verwendete Kennzahlen zur Steuerung der digitalen Transformation
Im Zusammenhang mit Werkzeugen und Methoden stehen Key Performance Indicators (KPIs), die zur Steuerung der Digitalisierung beitragen. Bei diesem Thema besteht jedoch noch Handlungsbedarf. Viele CDOs nutzen bisher keine dedizierten KPIs zur Steuerung der digitalen Transformation. Es ist schwer, die Veränderungen innerhalb eines komplexen Transformationsprozesses zu messen. Dies liegt daran, dass die Maßnahmen nicht unbedingt quantitativ und zum anderen eher langfristig sind.

Wenn KPIs zum Einsatz kommen, dann werden von den CDOs am häufigsten Erfolgskennzahlen genutzt. So lässt sich der Digitalisierungserfolg beispielsweise am Umsatzwachstum der digitalen Produkte messen. Der Erfolg der digitalen Transformation spiegelt sich außerdem in der Profitabilität wider. Eine direkte Verknüpfung zwischen Digitalstrategie und Unternehmensprofitabilität wird aber als schwierig erachtet.

Auch die Umsetzungsgeschwindigkeit kann als Kennzahl verwendet werden. Es lässt sich relativ einfach überprüfen, wie lange ein Innovationsprojekt braucht oder wie schnell offene Fragen geklärt werden können. Ebenso sinnvoll ist es, den Erfolg an der Schnelligkeit der Projektdurchführung oder Produktentwicklung zu messen.

Einige CDOs nutzen projektbezogene KPIs und Zeitpläne. In diesem Fall werden die Kennzahlen direkt in den Projekten verankert. Eine andere wichtige Messgröße stellt die Kosteneinhaltung bei Projekten dar.

Das Konzept der Objectives and Key Results (OKRs) wird aktuell nur von wenigen CDOs verwendet. Ähnlich sieht es mit der Messung eines digitalen Reifegrades oder der Messung der Kundenzufriedenheit aus.

4.7   Welche Herausforderungen existieren

Der kulturelle Wandel und die Knappheit der zur Verfügung stehenden Ressourcen bilden aktuell die größten Herausforderungen für den CDO. Der Faktor „Mensch" stellt somit die Hauptschwierigkeit dar. Weniger herausfordernd ist dagegen der Umgang mit neuen Technologien. Die kulturellen Herausforderungen sind verbunden mit Widerständen, die von dem Management oder den Mitarbeitern des Unternehmens ausgehen.

Wie in Abb. 4.10 ersichtlich, stellt die Resistenz der Mitarbeiter die bedeutendste Herausforderung dar. Die Veränderungen in der Organisation lösen bei den Betroffenen teilweise Ängste und Abwehrhaltungen aus. Dies kann damit zusammenhängen, dass bei den Mitarbeitern eine Unwissenheit, ein fehlendes Interesse oder eine unzureichende Lernbereitschaft existiert. Die Stärke der kulturellen Herausforderung hängt von Parametern wie dem Alter der Belegschaft bzw. des Unternehmens, der Unternehmensgröße oder dem Unternehmenssitz ab. Umso wichtiger ist es, die Mitarbeiter in die Digitalisierungsvorhaben einzubeziehen. Die Digitalisierung wird nämlich nicht nur vom CDO vorangetrieben, sondern in erster Linie von der Belegschaft.

Von den CDOs wird es außerdem als herausfordernd angesehen, das Management zu überzeugen. Die Herausforderung besteht darin, eine einheitliche Richtung einzuschlagen und die notwendige Unterstützung von den anderen Führungskräften zu erhalten.

Weitere Herausforderungen gehen mit einer Ressourcenknappheit einher. Der Faktor „Zeit" stellt ein Problem dar. In diesem Zusammenhang wird von einem Zeitmangel in der Organisation aufgrund bestehender Aufgaben im Tagesgeschäft berichtet. Damit einher geht die hohe Auslastung der Mitarbeiter. Darüber hinaus kann das Budget zu einer Problematik werden. Die Digitalisierungsvorhaben sind teilweise mit einem hohen Investitionsaufwand verbunden und die CDOs müssen sich bei der Priorisierung ihrer Digitalthemen durchsetzen.

Abb. 4.10 Herausforderungen des CDOs

Abb. 4.11   Umgang mit Herausforderungen des CDOs

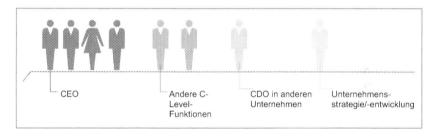

Abb. 4.12   Zukünftige Rolle des CDOs

Um die Herausforderungen zu überwinden, verfolgen die CDOs unterschiedliche Ansätze. Unsere drei Empfehlungen für den Umgang mit Herausforderungen sind in Abb. 4.11 visualisiert. Da die meisten Herausforderungen des CDOs von dem Management und den Mitarbeitern ausgehen, wird die Einbeziehung aller Organisationsmitglieder empfohlen. Die Kommunikation wird als wichtiges Instrument angesehen. Viele Transformationen scheitern, weil die Ambition zur Veränderung zu aggressiv und schnell erfolgt. Dem CDO wird daher ein ruhiges Gemüt und Feingefühl empfohlen, um zu schauen, was der Organisation zugetraut werden kann. Die Veränderungen sollten zudem schrittweise erfolgen. Bei der Ressourcenknappheit können zusätzliche Mittel Abhilfe leisten. Es braucht häufig Zusatzinvestitionen, -ressourcen und -skills.

4.8   Wie sich die CDO-Rolle zukünftig verändern könnte

Viele CDOs sehen es als ihre Aufgabe an, sich selbst überflüssig zu machen und sind davon überzeugt, dass die Rolle des CDOs zeitlich begrenzt ist. Einige CDOs bezeichnen sich daher als Weg-Gehilfen, Impulsgeber oder Hilfskonstrukt, um die digitalen Veränderungen im Unternehmen anzustoßen. Die CDOs, die ihre Rolle für eine temporäre Managementfunktion halten, sind der Meinung, dass in Zukunft andere C-Level-Mitglieder die Aufgaben des CDOs mitverantworten müssen. Die Digitalthemen könnten beispielsweise durch den CEO oder CIO abgedeckt werden. Alternativ ist es auch denkbar, dass sich die CDO-Rolle in Zukunft in allen C-Level- oder Führungsfunktionen widerspiegelt. Der Optimalfall ist dann erreicht, wenn sich das Digitalisierungsverständnis und digitale Denken in Zukunft auf alle Bereiche des Unternehmens überträgt.

Es existieren verschiedene Möglichkeiten, welche Rolle der CDO zukünftig im Unternehmen einnehmen könnte. Eine Option ist der Posten des CEOs. Diese Möglichkeit hängt allerdings von unterschiedlichen Faktoren ab. Die Art des Geschäftsmodells, die organisatorische Verortung, der Aufgabenbereich des CDOs, das Alter oder das Land stellen potenzielle Einflussfaktoren dar. Aufgrund der konservativen Einstellung und des eher langsamen Digitalisierungstempos ist es beispielsweise unklar, ob der Aufstieg in Deutschland gelingt. Die Entwicklungsmöglichkeit vom CDO zum CEO kann zudem aufgrund der Tatsache, dass sich der jeweilige Themenfokus zu stark unterscheidet, als kritisch angesehen werden. Beim CEO liegt der Schwerpunkt stark auf der Gesamtunternehmensstrategie und auf dem Vertrieb. Denkbar wären auch zukünftige Aufgaben in anderen C-Level-Funktionen. Der CDO könnte z. B. die Rolle des CTOs oder die CDO-Rolle in einem anderen Unternehmen mit niedrigem Digitalisierungsstand einnehmen. Alternativ könnte der CDO in anderen Abteilungen wie der Unternehmensstrategie oder -entwicklung arbeiten.

Es gibt aber auch CDOs, die ihre Rolle für langfristig halten. Sie glauben daran, dass die Fähigkeiten des CDOs auch in Zukunft von hoher Bedeutung sein werden. Was ihrer Meinung nach variieren kann, ist der Themenfokus oder die Jobbezeichnung. Der Gedanke dahinter ist, dass es immer wieder die Notwendigkeit zur Veränderung geben wird, sodass sich die CDOs kontinuierlich auf neue Themen spezialisieren können. Im Hinblick auf den zeitlichen Horizont lässt sich außerdem erwarten, dass es noch zehn bis 15 Jahre dauern wird, bis die digitale Unternehmenstransformation auf ein Ende in Deutschland hindeuten wird.

Bei der Hamburger Containerreederei Hapag-Lloyd fiel im Jahr 2017 die Entscheidung zur Einführung einer „Digital Business and Transformation Unit". In seiner Rolle als Chief Digital Officer hat Ralf Belusa der Organisation zu Dynamik und Agilität verholfen und gezeigt, wie die digitale Transformation gelingen kann.

Wer vor einigen Jahren bei Hapag-Lloyd einen Container transportieren wollte, wendete sich an den zuständigen Sales-Mitarbeiter – und zwar per E-Mail oder Telefon. Daraufhin dauerte es meist ein paar Tage, bis der Kunde schließlich ein Angebot erhielt. Das sieht heute anders aus: Kunden erhalten innerhalb weniger Sekunden mit dem digitalen Angebot „Quick Quotes" eine Frachtrate. Mehr als jeder zehnte Containertransport wird inzwischen über das Online-Buchungstool von Hapag-Lloyd verkauft und es gibt über 20 verschiedene digitale Produkte.

Im Gespräch mit dem obersten Digitalverantwortlichen von Hapag-Lloyd erfahren wir, wie der digitale Wandel innerhalb weniger Jahre gelungen ist und was die größten Herausforderungen waren.

Wenn wir auf November 2017 zurückblicken: Wie sind Sie damals zuerst vorgegangen?
Ralf Belusa: Als CDO hat man keinen Standard Baukasten, aber einen sehr breiten Erfahrungsschatz aus unterschiedlichen Unternehmensbereichen und Industrien. Es kommt immer auf das Unternehmen an. Man muss sehen, was das Unternehmen benötigt. Das Erste, was man sich ansieht, gerade im Hinblick auf IT, Marketing und Sales, sind die Arbeitsprozesse, die gelebte Kundenzentrierung, die genutzten modernen Arbeitsmethoden und Tools sowie die Sales-Abverkaufsergebnisse und

die Neu- und Bestandskundenentwicklung. Es muss und kann ganz klar sein, welche digitale Produktverbesserung, Marketingkampagne oder Salesaktion welches Ergebnis, Neu- und Bestandkundenverbesserung und Abverkauf bringt. Typische Fragen zu Anfang sind: Wie transparent arbeiten wir? Arbeiten wir agil und kundenzentriert in allen Abteilungen? Wie ist unsere Produkt-Marketing-Sales-Learning-Pipeline? Wann arbeiten wir an Produkt X in der IT, wann haben wir was fertig? Wenn diese Fragen nicht direkt beantwortet werden können, dann muss man dort reingehen und agile Arbeitsmethoden, transparente Sprintplannings und monatliche 90-Tage-Planungen einführen, damit man weiß, was man in 90 Tagen agil und kundenzentriert entwickelt und über die unterschiedlichen Abteilungen skaliert bekommt. Das war auch einer meiner ersten Schritte. Es gab bei Hapag-Lloyd z. B. eine IT-Jahresplanung, aber wann was in dem Jahr kam, war immer mit Unsicherheiten verbunden.

Digitales, modernes und integriertes Marketing zählt natürlich auch zu den Kernbestandteilen erfolgreicher Firmen. Hapag-Lloyd hatte damals noch kein digitales Marketing. Aus diesem Grund habe ich diesen Bereich auf- und ausgebaut. Sales haben wir genauso analysiert, wie wir unsere Produkte verkaufen und dementsprechend modernisiert, integriert, kundenzentrierter und skaliert aufgestellt. Das sind die wichtigsten Aufgaben eines CDOs: den Sales, das Marketing und die IT startklar zu machen und zu schauen, was das Unternehmen in diesen Bereichen benötigt.

Zu meiner ersten Aufgabe bei Hapag-Lloyd zählte die Entwicklung, Automatisierung und das Marketing von Quick Quotes, aber auch die Emails vollautomatisch an den Kunden heranzubringen. Wenn ein Kunde ein Angebot erhält, aber nicht direkt bucht, wird der Interessent via E-Mail vollautomatisch gefragt, ob ihm das Angebot gefällt. Wenn ja, dann kann er direkt „Kaufen" klicken oder seinen Key Account Manager anrufen. Das ist also ein Gesamtpaket. Das ist aus meiner Sicht auch eine Kernlogik des Chief Digital Officers, die Sachen miteinander zu verbinden. In der Vergangenheit gab es häufig „Big Bang Announcements", sprich es gab ein neues Tool, dann gab es einen Big Bang und dem Kunden wurde einmal im ganzen Lebenszyklus gesagt, dass es ein neues Produkt gibt und danach nie wieder. Genau hierum geht es als CDO, diese Gewohnheiten aufzubrechen, zu modernisieren und kontinuierlich kundenzentriert und modern zu verkaufen.

Mit der Produkteinführung „Quick Quotes" wurde bei Hapag-Lloyd das Bestandsgeschäft beschleunigt, die Effizienz erhöht und Neukunden wurden generiert. Wie ist dies in so kurzer Zeit gelungen?
Die Hauptvoraussetzung bei Hapag-Lloyd oder auch allgemein gesprochen, die Voraussetzungen für einen erfolgreichen CDO, ist das operative Geschäft, sprich das tatsächliche Arbeiten mit Kunden und Mitarbeitern des operativen Geschäfts.

Das ist der erfolgskritische Faktor, weil es ansonsten pure IT oder eine reine strategische Angelegenheit ist. Das ist dann zu isoliert und die Organisation nimmt Veränderungen nur sehr schwer an oder fällt auch sehr schnell wieder in alte ineffiziente Muster zurück. Bei Quick Quotes hatte ich auch nach zweieinhalb Jahren nach Launch immer noch Führungskräfte im Unternehmen, die gesagt haben, dass Quick Quotes nie funktionieren werden und nicht an die Idee geglaubt haben. Deswegen ist es wichtig, dass der CDO das operative Geschäft positiv verändern kann. Ansonsten kriegt die Position keine Zugkraft und auch keinen Success Case. Dann sind es nur kleine Quick Wins. Das sieht man auch häufiger in Unternehmen, dass zwar kleinere Erfolge erzielt werden, aber man es insgesamt nicht nachhaltig richtig verstanden hat und die Organisation immer wieder zurückfällt.

Sie sind damals mit nur drei Mitarbeitern gestartet. Welche Tipps haben Sie, um ein Digitalisierungsteam im Unternehmen aufzubauen?
Die Transformation bei Hapag-Lloyd konnte nur gelingen, weil es sich für die Mitarbeiter auch anfühlte wie Hapag-Lloyd. Deswegen ist meine Empfehlung, dass 80 % der Mitarbeiter eines neuen Digitalisierungsteams von intern kommen sollten, auch, wenn es dann länger dauert und schwieriger ist. Wenn wir unser Team nur mit externen, neuen Mitarbeitern von Facebook, Google oder OpenAI besetzt hätten, dann würde es sich nicht wie Hapag-Lloyd anfühlen. Deswegen ist meine Personalstrategie, dass 80 % interne Mitarbeiter im Digitalisierungsteam sein müssen. Dessen Skills müssen erweitert und geschult werden. Nur 20 % sollten von außen kommen. Das sind dann die Spezialisten. Bei Hapag-Lloyd gab es zum Beispiel keine Spezialisten für Digital, Online, Marketing, Prospecting, Agile, Customer Centricity oder AI. Die Anzahl der internen und externen Mitarbeiter sollte immer in der Balance sein. Ansonsten bricht das Ding auseinander, was man häufig in anderen Unternehmen beobachtet.

Was sind die wichtigsten Kompetenzen bzw. Eigenschaften, die ein CDO mitbringen sollte?
Die wichtigste Kompetenz ist aus meiner Sicht ein positives Mindset. Damit meine ich die Eigenschaft, eine positive Einstellung zu haben und zu sagen: „Wir schaffen das!" Selbst, wenn es nur eine kleine Idee ist und man nicht einmal weiß, ob sie funktioniert, sollte man es trotzdem versuchen. Wenn es dann schiefgeht, ist es nicht so schlimm. Man lernt als CDO auch an kleinen Dingen, wie die Organisation Sachen schafft und braucht daher eine positive Grundeinstellung. Es geht gar nicht so sehr ums Analytische, ums Listendurcharbeiten, ums Aufmalen von Gantt-Charts oder ums Entwerfen von Projektplänen. Das ist eher hinderlich. Neben dem positiven Mindset gilt es auf der anderen Seite, Menschen zu motivieren und zu

inspirieren. Im Endeffekt gibt es häufig das Problem, dass es zehn Leute im Projektteam gibt und davon nur einer/eine existiert, der/die die Sache gut findet und auch noch die nötigen Skills dafür hat. Die anderen neun Kollegen lehnen die Sache ab oder bewahren das Alte. Man muss Menschen motivieren können und versuchen, den Großteil zu überzeugen. Inspirieren und Motivieren gehört zum Leadership. Genauso wichtig ist die andere Seite, das Management. Management bedeutet Planen, Kontrollieren, Koordinieren, Mitarbeiterplanung. Man braucht beide Seiten, denn, wenn man nur Leadership hat und nur inspiriert und motiviert, dann ist man der nette Märchen-Onkel oder die Märchen-Tante. Wenn man dagegen zu viel Fokus auf das Management und Kontrollieren legt, dann ist man nur der Micro-Manager, der Excel-Listen abhakt. Da braucht es modernes Leadership, nämlich die Kombination aus Leadership und Management und das ist eine wichtige Kompetenz.

Was sind aktuell die größten Herausforderungen bzw. Hindernisse in Ihrer Tätigkeit als CDO?
Die größte Herausforderung für mich, aber auch generell in der Rolle als Chief Digital Officer oder als Transformation oder Change Manager, ist häufig das Management und der Mensch und gar nicht so sehr die Technologie. Ob das Marketing funktioniert oder der Kunde das digitale Angebot annimmt – das kann man alles einstellen. Der Mensch ist der schwierigste Faktor daran. Die größte Herausforderung ist die Unwissenheit, dass man einfach Sachen nicht weiß. Zusätzlich zu der Unwissenheit kommt bei Mitarbeitern manchmal dazu, dass sie es weder wissen noch lernen wollen bzw. einfach kein Interesse daran haben. Dieser Gegenwille, dass Kollegen es gar nicht machen möchten, nichts dazulernen oder auch nicht die Fähigkeiten haben, ist eine starke Herausforderung. Den anderen Sektor bei den Herausforderungen stellen die „Karriere-Neurotiker" dar. Das sind Menschen, die um jeden Preis Karriere machen wollen. Sie leben das Motto: „Ich bin der Beste, ich bin der Schnellste und das muss ich allen auch ganz prägnant zeigen." Das beißt sich manchmal mit guten Veränderungen im Unternehmen, weil sich die „Karriere-Neurotiker" nur auf den kurzfristigen Gewinn und ihre eigene Karriere fokussieren. Ob das Sinn für den Kunden macht, wird gar nicht gefragt, genauso wenig, ob man damit die IT-Kollegen in den Wahnsinn treibt, weil sie jede Stunde neue Anforderungen erhalten. Mit solchen Kollegen arbeitet man nicht gern zusammen und die erschweren letztendlich die Transformation, die Veränderungen und dieses positive Miteinander.

Wie gehen Sie mit diesen Herausforderungen um?
Als Führungskraft möchte man stets Ziele erreichen oder KPIs erfüllen. Wenn man Ziele erreichen möchte und jemanden mit Problemen hat, beispielsweise einen

„Karriere-Neurotiker" mit Wissensdefiziten, dann will man als Vorgesetzter natürlich diese Probleme lösen. Als Problemlöser spricht man meist mit den Leuten, die
die Probleme machen. Dies führt oft dazu, dass man 90 % seiner Zeit mit Leuten spricht, die eigentlich nur Probleme machen und dies gar nicht ändern wollen
oder können, weil sie erst das Wissen aufbauen müssen. Der Trick ist, dass man
nicht 90 % seiner Zeit in die Problemkandidaten investiert, sondern stattdessen
den Großteil seiner Zeit mit denen verbringt, die das Können mitbringen und Lust
auf Veränderungen haben. Der andere Trick liegt im gnadenlosen Ruhebewahren.
Manchmal muss man einfach fünf Schritte zurückzugehen und erklären, erklären,
erklären. Da braucht man ein sehr ruhiges Gemüt. Transformationen scheitern häufig daran, wenn man zu hart und zu streng ist. In einer Gruppe von zehn Leuten
gibt es eventuell nur einen, der es versteht und die anderen neun verstehen es noch
nicht. Wenn man in diese Gruppe zu schnell und zu aggressiv reingeht, dann hat
man neun Leute gegen sich. Neun gegen eins geht nie gut aus. Deswegen scheitern Transformationen, weil diese Ambition zur Verwandlung zu aggressiv und zu
schnell erfolgt. Man braucht also Feingefühl, um zu schauen, was der Organisation
zugetraut werden kann. Deswegen sage ich auch manchmal, dass wir einfach noch
acht Monate warten. Dieses ähnliche Muster setze ich auch bei Hapag-Lloyd an,
indem ich schaue, was die Organisation aushält.

**Welche Methoden und Werkzeuge nutzen Sie, um das digitale Denken im
Unternehmen zu verankern und die digitale Transformation voranzubrin-
gen?**
Wenn man in Richtung Agilität geht, dann geht es ganz klar darum, agile Methoden
in die Organisation hineinzutragen, aber gar nicht so sehr spezialisiert. D. h., ob
das jetzt Scrum, Kanban, Hyper-Agile oder eine andere agile Methode ist, spielt
erst einmal eine untergeordnete Rolle. Es geht eher darum, einen Blumenstrauß an
Methoden zur Verfügung zu stellen, diesen Blumenstrauß zu trainieren und dann
der Organisation, den Einheiten und den Mitarbeitern in den Abteilungen selbst das
Beste für sich herausfiltern zu lassen. Das Verständnis für agile Methoden wächst
nämlich viel besser, wenn man es selbst anwendet. Agile Arbeitsmethoden sind
ein Punkt, aber auch andere moderne Managementmethoden sind von wichtiger
Bedeutung. Es ist nicht alles agil. Wenn es agil und fertig ist, dann muss es effizient
werden und wenn es effizient werden muss, dann brauche ich die Methoden fürs
Automatisieren, Streamlinen und für die Prozess-Exzellenz. Das andere, was sehr
wichtig ist, ist die wöchentliche, monatliche oder 90-Tage-Planung. Es ist wichtig,
dass man ganz klar weiß, was in den nächsten 90 Tagen über alle Abteilungen hin-
weg geplant und realisiert wird. Dann gibt es ein monatliches Update, man macht
eine Retrospektive und einen Review, wie man den Prozess verbessern kann und

was man innerhalb des Prozesses verbessern kann. Es sind also zweierlei Sachen und das verwechseln häufig viele, indem sie sagen: „Wir haben doch schon darüber gesprochen, was wir besser machen." Aber man muss sehen, wie man den Prozess besser macht und wie man dann die Arbeit inhaltlich besser macht. Eine weitere Methode ist die Einführung von Objectives and Key Results (OKRs), diese zu trainieren, zu setzen, zu lernen und über alle Abteilungen zu skalieren. OKRs gelten bei Hapag-Lloyd nicht nur für die IT, sondern beispielsweise auch für Marketing, Sales, HR oder Bunker-Einkauf.

Wie bringt man OKRs in die Organisation?
Anfangs hat keiner gewusst, was OKRs sind. Deswegen haben wir auch Stück für Stück angefangen. Als erstes benötigt man die Transparenz über die monatliche und 90-Tage-Planung, um zu sehen, was in jedem Monat und alle 90 Tage geplant wird. Das ist die Grundlage, um mit OKRs anzufangen. Wir haben also zunächst bei uns die 90-Tage-Planung eingeführt und dann auch in der Organisation im Rahmen der Strategie 2023 in anderen Abteilungen mit der 90-Tage-Planung angefangen, damit sie transparenter wird. Das war der erste Schritt. Der zweite Schritt war dann, in meinen Teams mit den OKRs anzufangen, also die Objectives, Key Results und Initiativen zu setzen. Die haben wir dann wiederum den anderen Abteilungen und dem Management gezeigt. Da war dann die eine oder der andere dabei, der das transparent und gut fand und nachmachen wollte. Eine große Hilfe dabei war, dass unser CEO und CP-Officer auch davon überzeugt war. Dann haben wir Trainings aufgesetzt, mit den Kollegen in den Abteilungen darüber gesprochen und versucht zu erklären, wie man überhaupt OKRs setzt. Wir haben Workshops gemacht, die ersten Tests und Testverläufe durchgeführt, die Vorgesetzten trainiert und es die ersten 90 Tage ausprobiert. Nach den ersten 90 Tagen haben wir wieder angepasst, bis es dann in den operativen Modus ging. Und das verbessert sich dann von allein Stück für Stück von jeder 90-Tage- zu 90-Tage-Planung.

Hapag-Lloyd verfolgt den Ansatz, mit den sogenannten „Digitalen 100" das digitale Denken und Arbeiten in die Organisation zu verteilen. Wie funktioniert dieser Ansatz?
Richtig, diesen Ansatz verfolgt Hapag-Lloyd und ich habe auch schon von vielen Unternehmen gehört, dass sie diesen Ansatz teilweise übernommen haben. Der Vorteil bei unseren „Digital 100" ist, dass sie aus dem Unternehmen kommen. Das war mir sehr wichtig, weil ich keine Externen wollte. Dann sind es nämlich immer „die Anderen", also die Externen, die die „gute Arbeit" erledigen dürfen. Das führt zu einem Gefühl der Trennung. Auch die Budgetfrage ist viel schwieriger, wenn man zum Vorstand geht und nach zusätzlichen 100+ Kollegen fragt. Deswegen haben wir

es einfach so gemacht, dass wir innerhalb der Organisation rumgefragt haben, wer in welchem Land Lust hat, am Freitagnachmittag etwas im Digital-Bereich zu machen. Zu den Aufgaben zählte dann beispielsweise die Kundenberatung zu den digitalen Produkten. Nach zwei Wochen hatten wir Leute gefunden und damit konnten wir ganz gut starten. Dann fängt man wieder mit Trainings, Workshops und Education an und die „Digital 100" werden immer besser.

Über die Zeit haben sich die Digitalen 100 im Sales und Customer Service zu etablierten hoch produktiven Einheiten entwickelt, welche auch direkt an die Landesgeschäftsführung berichten und mit uns im Headquarter direkt verbunden sind.

Mit Blick auf das Digital-Team bei Hapag-Lloyd – inwieweit gibt es die Möglichkeit, sich digital weiterzubilden?

Wir veranstalten regelmäßig Knowledge-Breakfast, Digital-Days, Digital Weeks, Monthly Digital Meetings oder auch Special Days. Im letzten Jahr haben wir zum Beispiel einen „Daten-Tag" gemacht, sprich alles über Daten gelernt und geschaut, wie man eine Data Driven Company wird. Da versuchen wir immer wieder möglichst viel zu unterrichten. Ich habe es auch ausgerufen, dass jeder in den Teams zwei Stunden pro Woche frei zur Verfügung hat, um zu lernen, was er möchte. Das Problem ist nur, dass sich die Leute nicht trauen oder wieder einen alten Zeit- oder nicht modernen Projektmanagementkurs machen.

Welche KPIs zur Steuerung der digitalen Transformation haben Sie bei sich im Unternehmen implementiert und auf welche Bereiche beziehen sich diese?

Innerhalb der Objectives und Key Results gibt es natürlich auch Initiativen und KPIs. Es gilt aber immer: Die KPIs müssen gut und richtig sein und einen Mehrwert stiften. Wenn KPIs keinen Mehrwert stiften, fliegen sie aus den Reportings entsprechend raus. KPIs braucht man zur Steuerung. Im Sales brauche ich Kennzahlen, wie beispielsweise aktive Kunden, potenzielle Kunden, wiederkehrende Kunden, Kunden-Abwandlungsrate, Kunden-Retention, Customer Conversion, Buchungen oder Deckungsbeitrag. Mit diesen ganzen Metriken kann ich sehen, ob mein Sales erfolgreich ist und wo es eventuell Baustellen gibt. Genau das gleiche macht man auch im Marketing in Bezug auf Display Advertising, Suchmaschinenmarketing, Social Media, E-Mail und so weiter. Hier messen wir z. B. wie lange der Kunde etwas liest, wie er interagiert oder wie seine Conversion Rate ist. Da gibt es auch super viele relevante KPIs. In der IT gibt es genau das gleiche, dass man u. a. misst, wie schnell man Produkte entwickelt oder wie hoch die Planungstreue ist. Dafür braucht man die Frameworks, welche ich vorhin angesprochen habe. Wir messen bei Hapag-Lloyd auch die Kundenzufriedenheit mittels Net Promoter Score.

An einigen Stellen sind wir aber auch noch nicht datengetrieben. Oftmals hängen Entscheidungen noch vom Bauchgefühl ab oder davon, ob es eine wichtige Person gesagt hat. Wir müssen aber mehr datengetrieben werden und die richtigen KPIs nutzen. Anstatt ein Produkt zu bauen, dass vielleicht nur für 73 Personen relevant ist, sollte man sich auf Projekte fokussieren, die millionenfach im Monat aufgerufen werden. Solche Entscheidungen kann man datenbasiert treffen, aber das muss die Organisation und vor allem auch das Management verstehen.

Unsere Handlungsempfehlungen

6

6.1 Handlungsempfehlungen für die Organisation

Relevanz eines CDOs prüfen

In Abschn. 4.1 konnten wir zeigen, dass die Rolle eines CDOs nicht für jedes Unternehmen notwendig und passend ist. Festzuhalten ist, dass es auf die Art des Geschäftsmodells und den jeweiligen Digitalisierungsstand ankommt. Unternehmen, die bereits über ein rein digitales Geschäftsmodell verfügen, benötigen eher keinen CDO. Viele Unternehmen in Deutschland sind aber noch nicht vollständig digital transformiert. Bei kleiner Unternehmensgröße können der CEO oder andere C-Level Mitglieder die digitalen Themen mit verantworten.

Sinnvoll erscheint die CDO-Rolle bei Organisationen, die am Anfang der Digitalisierung stehen und über einen geringen Digitalisierungsgrad verfügen. In diesem Fall ist ein CDO hilfreich, um als Impulsgeber zu dienen und die Digitalthemen mithilfe einer holistischen Sichtweise im Unternehmen zu bündeln. Auch bei fehlenden Digitalkompetenzen in der Geschäftsleitung kann eine temporäre CDO-Position geeignet sein. Es empfiehlt sich jedoch, als Unternehmensleitung eine klare Strategie zu formulieren und dem CDO einen eindeutigen Auftrag zu erteilen. Unternehmen sollten keinen CDO einstellen, um andere Wettbewerber zu imitieren oder sich rein auf ihre Außendarstellung zu fokussieren, sondern um ihren eigenen Erwartungen an die digitale Transformation gerecht zu werden.

Weg für den CDO ebnen

Entscheidet sich die Unternehmensleitung für einen CDO, sollten erforderliche Rahmenbedingungen in der Organisation geschaffen werden. Der CDO agiert in erster Linie in der Rolle des Unternehmers. Die Unternehmensleitung sollte über ein solches Rollenverständnis verfügen und den CDO entsprechend bei strategischen Entscheidungen mit einbeziehen. Gleichermaßen wird empfohlen, dem CDO die Einflussnahme auf das operative Geschäft zu ermöglichen, damit die digitale Transformation im gesamten Unternehmen gelingt.

Im Hinblick auf die CDO-Positionierung lässt sich feststellen, dass verschiedene Möglichkeiten existieren. In der Regel ist der CDO auf erster oder zweiter Führungsebene verortet. Um Widerstände und lange Entscheidungswege zu reduzieren, wird empfohlen, den CDO in der ersten Führungsebene zu positionieren.

Der CDO sollte auf jeden Fall über ausreichend Freiheitsgrade verfügen. Zu der Rolle des obersten Digitalverantwortlichen gehört das Hinterfragen des Geschäftsmodells und der Prozesse. Damit das Unternehmen kontinuierlich weiterentwickelt werden kann, sollte der CDO Dinge, wie beispielsweise neue Prozesse, testen können. Dafür benötigt der Digitalisierungsleiter ausreichend finanzielle und personelle Ressourcen. Um Neues auszuprobieren, ist eine gute Fehlerkultur entscheidend. Alte Verhaltens- und Denkmuster sollten überdacht werden.

Vor allem interpersonale Beziehungen spielen eine wichtige Rolle. In seiner Funktion nimmt der CDO eine crossfunktionale Sichtweise ein und arbeitet mit allen Unternehmensbereichen zusammen. Von den anderen Top-Management-Mitgliedern wird ein offener Umgang mit den Digitalthemen und Veränderungsvorhaben erwartet. Sofern ein CIO im Unternehmen existiert, sollte dieser den CDO als Organisationspartner unterstützen. Auch die Unterstützung und Veränderungsbereitschaft der Mitarbeiter wirkt sich auf den Erfolg des CDOs aus. Um Veränderungen im gesamten Unternehmen voranzutreiben, müssen die Themen in bereichsübergreifender Zusammenarbeit mit allen Beteiligten umgesetzt werden. Maßgeblich dabei ist es, mithilfe eines engen Austausches ein Silodenken zu verhindern.

Außerdem ist der CDO stark in Personalthemen eingebunden. In diesem Rahmen wird empfohlen, den CDO insbesondere beim Aufbau von digitalen Kompetenzen einzubeziehen. Organisationen müssen sich rechtzeitig auf eine neue Arbeitnehmergeneration einstellen. Der CDO hat dafür bereits einen Blick.

Erfolg der digitalen Transformation bewerten

Viele Unternehmen messen noch nicht den Erfolg der digitalen Transformation. So zeigen die Erkenntnisse aus Abschn. 4.6, dass viele CDOs noch keine dedizierten KPIs zur Steuerung und Umsetzung der digitalen Transformation verwenden. Ursächlich hierfür ist vor allem die Komplexität, die richtigen Indikatoren auszuwählen und einzusetzen. Es wird daher der Unternehmensleitung empfohlen, im ersten Schritt festzulegen, wann eine digitale Transformation als erfolgreich gilt.

Der CDO kann bei der Definition des Erfolgsbegriffs und der Festlegung der benötigten Kennzahlen unterstützen. Der Digitalisierungsfortschritt sollte überwacht werden, um eine Orientierung zu ermöglichen und Schwachstellen frühzeitig zu identifizieren. Die meisten Experten empfehlen quantitative betriebswirtschaftliche Kennzahlen wie beispielsweise die Profitabilität oder das Umsatzwachstum. Denkbar wäre beispielsweise auch eine Messung der digitalen Fähigkeiten des Managements oder der Mitarbeiter. Es existieren aber keine generellen Messgrößen, die für alle Unternehmen geeignet sind. Wie bei der Auswahl der Methoden müssen Unternehmen organisationsspezifische Kennzahlen auswählen und anwenden. Aufgrund der Erkenntnis, dass die Digitalstrategie im Einklang mit der Unternehmensstrategie stehen sollte, wird empfohlen, die KPIs zur Bewertung des Digitalisierungserfolgs ebenfalls von den Geschäftszielen abzuleiten.

Neben der Erfolgsmessung der digitalen Transformation wird dazu geraten, auch den Erfolg des CDOs zu messen. Hierbei hat sich allerdings herausgestellt, dass dieser von mehreren Determinanten beeinflusst wird. So hängt der Erfolg eines CDOs nicht nur von den persönlichen Fähigkeiten ab, sondern wird zudem durch organisatorische und interpersonale Größen beeinflusst. Dazu zählen zum Beispiel die organisationale Verortung, die Unterstützung vom CEO oder die allgemeine Zusammenarbeit mit anderen Bereichen. Es wird daher empfohlen, diese Faktoren bei der Beurteilung eines CDOs zu berücksichtigen.

6.2 Handlungsempfehlungen für den CDO in aller Kürze

Als CDO sind Sie der höchste Verantwortliche für die Digitalisierung innerhalb Ihres Unternehmens. Hier sind einige Handlungsempfehlungen, die Ihnen helfen können, Ihre Rolle erfolgreich auszufüllen:

1. Fördern Sie eine digitale Kultur: Eine digitale Kultur ist eine Voraussetzung für eine erfolgreiche digitale Transformation. Als CDO sollten Sie eine digitale Kultur fördern, die die Mitarbeiter dazu ermutigt, neue Ideen zu entwickeln und Innovationen voranzutreiben.
2. Setzen Sie klare Ziele: Eine erfolgreiche digitale Transformation erfordert klare Ziele. Setzen Sie sich als CDO realistische, messbare Ziele und kommunizieren Sie diese an das Team und andere Führungskräfte. Überwachen Sie den Fortschritt regelmäßig und passen Sie Ihre Strategie bei Bedarf an.

3. Zusammenarbeit mit anderen Führungskräften: Die Zusammenarbeit mit anderen Führungskräften ist entscheidend für den Erfolg der digitalen Transformation. Als CDO sollten Sie eng mit anderen Abteilungen zusammenarbeiten und sicherstellen, dass Ihre Strategien aufeinander abgestimmt sind.

4. Kompetenzen entwickeln: Ein CDO muss über eine Vielzahl von Kompetenzen verfügen, um eine erfolgreiche digitale Transformation zu erreichen. Hierzu zählen unter anderem Kenntnisse in den Bereichen IT, Datenanalyse, Projektmanagement, Change Management und Business Development. Entwickeln Sie Ihre Kompetenzen kontinuierlich weiter und bleiben Sie auf dem neuesten Stand der Technologieentwicklung.

5. Nutzen Sie die richtigen Tools und Methoden: Es gibt viele Tools und Methoden, die Ihnen bei der erfolgreichen Umsetzung der digitalen Transformation helfen können. Als CDO sollten Sie die richtigen Tools und Methoden auswählen und sicherstellen, dass Ihr Team über die entsprechenden Fähigkeiten verfügt, um sie erfolgreich anzuwenden.

6. Messen Sie den Erfolg: Eine erfolgreiche digitale Transformation erfordert eine kontinuierliche Messung und Bewertung des Erfolgs. Als CDO sollten Sie regelmäßig KPIs und Metriken messen, um den Erfolg Ihrer Strategie zu beurteilen und gegebenenfalls anzupassen.

7. Kommunizieren Sie Ihre Strategie: Eine erfolgreiche digitale Transformation erfordert eine klare Kommunikation der Strategie an das gesamte Unternehmen. Als CDO sollten Sie sicherstellen, dass Ihre Strategie klar und verständlich kommuniziert wird und dass alle Mitarbeiter sie verstehen und unterstützen können.

Diese Handlungsempfehlungen können Ihnen helfen, Ihre Rolle als CDO erfolgreich auszufüllen und die digitale Transformation Ihres Unternehmens voranzutreiben.

6.3   Handlungsempfehlungen für mittelständische Unternehmer in aller Kürze

Wenn Sie ein mittelständisches Unternehmen führen und eine CDO-Rolle schaffen möchten, um Ihre digitale Transformation voranzutreiben, können Ihnen die folgenden Handlungsempfehlungen helfen:

- Definieren Sie die Rolle des CDO: Bevor Sie die Position eines CDOs schaffen, sollten Sie klar definieren, welche Aufgaben und Verantwortlichkeiten mit der Rolle verbunden sind. Legen Sie fest, welche Kompetenzen und Fähigkeiten der CDO haben sollte, um Ihre Ziele zu erreichen.
- Überprüfen Sie Ihre Ziele und Strategien: Stellen Sie sicher, dass Ihre digitalen Ziele und Strategien klar definiert und ausgerichtet sind. Die CDO-Rolle sollte helfen, die digitale Transformation Ihres Unternehmens voranzutreiben und Ihre Geschäftsziele zu erreichen.
- Suchen Sie nach dem richtigen Kandidaten: Wenn Sie einen CDO einstellen möchten, suchen Sie nach einem Kandidaten mit den erforderlichen Fähigkeiten und Erfahrungen. Suchen Sie jemanden mit einem starken Hintergrund in den Bereichen IT, Datenanalyse, Projektmanagement, Business Development und – ganz wichtig – Change Management sowie Organisationsentwicklung.
- Zusammenarbeit mit anderen Abteilungen: Die digitale Transformation erfordert eine enge Zusammenarbeit mit anderen Abteilungen innerhalb des Unternehmens. Stellen Sie sicher, dass der CDO eng mit anderen Abteilungen zusammenarbeitet bzw. zusammen arbeiten kann und die Transformation des gesamten Unternehmens vorantreibt.
- Nutzen Sie die richtigen Tools und Technologien: Wählen Sie die richtigen – z. B. agilen – Tools und Technologien aus, um Ihre digitale Transformation erfolgreich umzusetzen. Sorgen Sie dafür, dass der CDO und das Team über die notwendigen Fähigkeiten verfügen, um diese Tools und Technologien erfolgreich zu nutzen.

Fazit und Ausblick

7

Dieses *essential* hat aufgezeigt, dass ein CDO einen maßgeblichen Einfluss auf die erfolgreiche Umsetzung der digitalen Transformation nehmen kann. Die digitale Transformation gelingt allerdings nicht im Alleingang. Um Veränderungen im gesamten Unternehmen voranzutreiben, müssen die Themen in bereichsübergreifender Zusammenarbeit mit allen Beteiligten umgesetzt werden. Ein Zusammenspiel von organisatorischen und kulturellen Faktoren sowie persönlichen Fähigkeiten ist entscheidend. Bevor eine solche Stelle aber geschaffen wird, sollte im ersten Schritt immer die Relevanz überprüft und die Aufgaben und Erwartungen an die Rolle sollten eindeutig festgelegt werden.

Eine Rolle setzt sich aus Erwartungen zusammen, die sich im Rahmen dieses *essentials* an den CDO richten. Dabei steht der CDO in Beziehung zu unterschiedlichen Bezugsgruppen wie Vorstandsmitgliedern oder Mitarbeitern. Die Rolle des CDOs wird sowohl vom CDO selbst als auch von den Bezugsgruppen beeinflusst. Beim CDO kristallisieren sich folgende Rollen heraus: Unternehmer, Führungskraft, Beobachter, Verbreiter, Koordinator bzw. Netzwerker, Krisenmanager und Ressourcenverteiler. Die beiden erst genannten Rollen zeichnen sich in der CDO-Rolle am häufigsten ab. Als Unternehmer entwickelt der CDO eine Digitalisierungsstrategie und treibt die damit verbundenen Veränderungen im Unternehmen voran. Zu den Aufgaben als Führungskraft gehören beim CDO die Vermittlung der Ziele und Vision sowie die Einbeziehung, Motivation und Inspiration aller Mitarbeiter. Ähnlich bedeutsam für Rollensender und -empfänger erweisen sich die Rollen des Beobachters und Verbreiters. In der Rolle des Beobachters nimmt der CDO Chancen und Risiken seiner Umwelt wahr und als Verbreiter trägt er den Digitalspirit in die Organisation. Das Verständnis über die

M. H. Dahm und M. Winter, *Die Rolle des CDO in der digitalen Transformation*, essentials, https://doi.org/10.1007/978-3-658-42704-7_7

Aufgaben eines CDOs zwischen Rollensender und -empfänger stimmt weitestgehend über. Daher wird die Schlussfolgerung gezogen, dass sich die CDO-Rolle in Deutschland im Hinblick auf das Aufgabenverständnis etabliert hat. Unternehmen haben einen maßgeblichen Einfluss auf die Arbeit und den Erfolg eines CDOs. So spielt etwa die hierarchische Verortung des Digitalisierungsbeauftragten eine wichtige Rolle. Der CDO muss hoch genug positioniert sein, um über ausreichend Entscheidungsbefugnisse und Informationen zu verfügen. Am besten gelingt dies als Vorstandsmitglied. Als eine weitere organisatorische Voraussetzung gelten die Ressourcen. Der CDO benötigt sowohl ausreichend finanzielle als auch personelle Mittel. Bei der personellen Ausgestaltung des Digitalisierungsteams zeigt sich, dass dieses von der Unternehmensgröße und der Komplexität des Geschäftsmodells abhängt. Essenziell ist zudem, dass der CDO über eine operative Verantwortung verfügt. Als ein wesentlicher Aspekt wird die Unterstützung durch den CEO und andere Abteilungen erachtet. Damit die digitale Transformation gelingt, muss ein klar definierter Arbeitsauftrag vom CEO vorliegen. Außerdem sollte der Vorstandsvorsitze den Änderungsvorhaben insgesamt offen und interessiert gegenüberstehen und den CDO in vertrauensvoller und enger Zusammenarbeit unterstützen. Um Überschneidungen und Konflikte mit anderen Vorstandsmitgliedern zu vermeiden, müssen Verantwortlichkeiten eindeutig abgegrenzt werden. Dies gilt insbesondere dann, wenn neben dem CDO ein CIO im C-Level existiert.

Darüber hinaus ist die Unternehmenskultur entscheidend für das Gelingen der Arbeit eines CDOs. Der kulturelle Wandel stellt die größte Herausforderung für den obersten Digitalverantwortlichen dar. Sowohl beim Management als auch bei den Mitarbeitern muss eine Wandlungsoffenheit vorhanden sein. Die Arbeit des CDOs wird durch eine kollaborative Arbeitskultur erleichtert. Die Digitalstrategie muss im Einklang mit der Gesamtunternehmensstrategie stehen. Nur durch ein bereichsübergreifendes Denken kann die digitale Transformation gelingen. Starkes Abteilungsdenken gilt es dagegen zu verhindern. Es ist für den CDO wichtig, die anderen Führungskräfte als Befürworter im Unternehmen zu haben. Damit eine Organisation anpassungsfähig und agil wird, muss sich auch die Führung in den Teams entsprechend wandeln.

Wenn die organisatorischen und kulturellen Voraussetzungen erfüllt sind, kommt es auf die persönlichen Fähigkeiten des CDOs an. Den Kern bilden hierbei seine Kompetenzen. Ausschlaggebend ist vor allem die Sozialkompetenz eines CDOs wie die Empathie oder Motivations- und Inspirationsfähigkeit. Es lässt sich feststellen, dass die CDOs verschiedene Methoden und Werkzeuge nutzen, die hauptsächlich dem Aufbau von Kompetenzen innerhalb der Organisation dienen. Zu den Methoden zählen Trainings- und Weiterbildungsmaßnahmen, die

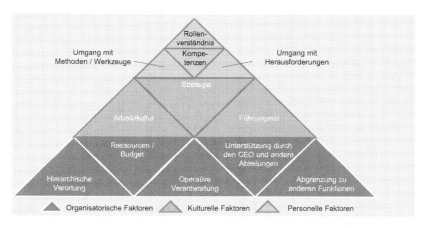

Abb. 7.1 Erfolgspyramide eines CDOs

Implementierung agiler Arbeitsformen oder das Nutzen von technischen Hilfsmitteln wie Kollaborationstools. Auch Ansätze wie die Installation von Netzwerken in Form von Multiplikatoren oder die Schaffung neuer Abteilungen wie einer Organisationsentwicklung werden von den CDOs verfolgt. Eine entscheidende Erkenntnis hierbei ist, dass organisationsspezifische Methoden benötigt werden. Neben der Verwendung von Methoden spielt der Umgang mit Herausforderungen eine Rolle. Hierbei lassen sich drei Empfehlungen ableiten: Die Einbeziehung aller Organisationsmitglieder, ein ruhiges Agieren und die Schaffung zusätzlicher Ressourcen. Das Verständnis über die eigene Rolle rundet die personellen Erfolgsfaktoren ab. Die obengenannten Faktoren werden in Abb. 7.1 graphisch zusammengefasst. Die organisatorischen Faktoren bilden die Basis für den CDO-Erfolg. In der Mitte stehen die kulturellen Faktoren. Die Spitze der Pyramide bilden die persönlichen Fähigkeiten eines CDOs.

Es gibt einige Hinweise darauf, dass es sich beim CDO um eine temporäre Managementposition handelt. Mit einem offiziellen Ende der digitalen Transformation könnten die Aufgaben des CDOs obsolet werden. Es ist in Deutschland aber nicht davon auszugehen, dass die Digitalisierung in den nächsten Jahren vollständig abgeschlossen sein wird.

Es bleibt abzuwarten, wie sich die Rolle des CDOs verändern wird. Insbesondere im Hinblick auf die Kompetenzen eines CDOs wird erwartet, dass diese zukünftig in den Organisationen benötigt werden. Hierzu zählen vor allem die Motivations-, Inspirations- und Überzeugungsfähigkeiten. Auch nach Abschluss der digitalen Transformation werden sich Unternehmen kontinuierlich wandeln müssen. Für den CDO existiert die Möglichkeit, sein Wissen zum Change-Management in andere C-Level Funktionen wie dem Chief Transformation Officer einzubringen. Im Hinblick auf das technische Wissen wird langfristig die Bündelung der Technikkompetenzen von CDO und CIO innerhalb einer Funktion prognostiziert.

Was Sie aus diesem *essential* mitnehmen können

- Der Einsatz eines CDOs ist nicht für jedes Unternehmen notwendig und sinnvoll.
- Nützlich ist ein CDO in Organisationen, die am Anfang der Digitalisierung stehen und über einen geringen Digitalisierungsgrad verfügen.
- Die Unternehmensleitung sollte eine klare Strategie formulieren und dem CDO einen eindeutigen Auftrag erteilen.
- Um Widerstände und lange Entscheidungswege zu reduzieren, wird empfohlen, den CDO in der ersten Führungsebene zu positionieren.
- Ein CDO benötigt ausreichend finanzielle und personelle Ressourcen.
- In seiner Funktion nimmt er eine crossfunktionale Sichtweise ein und arbeitet mit allen Unternehmensbereichen zusammen.
- Viele Unternehmen messen noch nicht den Digitalisierungserfolg und verwenden keine dedizierten KPIs zur Steuerung und Umsetzung der digitalen Transformation; dennoch sollte festgelegt werden, wann eine digitale Transformation als erfolgreich gilt.
- Ebenso wie bei der Auswahl der Methoden sollten Unternehmen organisationsspezifische Kennzahlen auswählen und anwenden.
- Für die CDOs zählen der Kulturwandel und die Weiterentwicklung der Mitarbeiter zu den wichtigen Transformationstreibern.

Literatur

Berghaus, S. & Back, A. (2016). Rollen, Prozesse und Führung in der digitalen Transformation: Ratgeber und Fallstudien zur Strategiearbeit für das digitale Zeitalter (Teil 2),
Dresden: T-Systems Multimedia Solutions GmbH.

Berthel, J. & Becker, F. G. (2017). Personal-Management: Grundzüge für Konzeptionen
betrieblicher Personalarbeit, 11. Aufl., Stuttgart: Schäffer-Poeschel Verlag.

Boeselager, F. (2018). Der Chief Digital Officer: Die Schlüsselposition für eine erfolgreiche
Digitalisierungsstrategie, Wiesbaden: Springer Vieweg.

Brinker, M. (2015). The Rise of the Chief Digital Officer – Key considerations for driving
digital growth from the C-suite, Ontario: Deloitte Digital.

CDO Club (2015). Number of Chief Digital Officers Doubled Again in 2014. https://cdo
club.com/number-of-chief-digital-officers-doubled-again-in-2014-according-to-the-cdo-
club/.

CDO Club (2014). Number of Chief Digital Officers Doubled in 2013; Seven CDOs Became
CEO and Four CDOs Became Board Directors, According to the CDO Club. https://
www.prnewswire.com/news-releases/number-of-chief-digital-officers-doubled-in-2013-
seven-cdos-became-ceo-and-four-cdos-became-board-directors-according-to-the-cdo-
club-258893331.html.

CDO Club (2023). Der CDO Club Switzerland. https://www.cdo-club.ch/.

Drechsler, K., Wagner, H., Reibenspiess, V. (2019). Risk and return of chief digital officers'
appointment – an event study, in: 40th international conference on information systems.
AISeL, München, S. 1 – 17.

Horlacher, A. & Hess, T. (2016). What does a chief digital officer do? Managerial tasks and
roles of a new C-Level position in the context of digital transformation, in: Proceedings of
the 49th Hawaii International Conference on System Sciences (HICSS), 2016, S. 5126 –
5135.

Mintzberg, H. (1973). The Nature of Managerial Work, New York: Harper & Row.

Streim, A. & Meinecke, C. (2022). Viele Unternehmen planen Stellen für Chief Digital Officer.
https://www.bitkom.org/Presse/Presseinformation/Chief-Digital-Officer-Stellen-2022.

Printed in the United States
by Baker & Taylor Publisher Services